Deine Freie Stimme

Pierre Walther

Deine
Freie
Stimme

Entdeckungen, inspiriert
von Alfred Wolfsohn und Roy Hart

Bern, Juli 2020

Bibliografische Information der Deutschen Nationalbibliothek:
Die Deutsche Nationalbibliothek verzeichnet diese Publikation in der Deutschen
Nationalbibliografie; detaillierte bibliografische Daten sind im Internet über
https://portal.dnb.de/ abrufbar.

© 2021 Pierre Walther
Satz, Umschlaggestaltung, Herstellung und Verlag:
BoD – Books on Demand, Norderstedt

ISBN: 978-3-7526-5484-4

Inhaltsverzeichnis

Vorwort

Was treibt einen Naturwissenschaftler dazu, ein Buch über die Stimme zu schreiben? Warum betrete ich Neuland? Wozu?

Es ist meine Begeisterung. Als Jugendlicher sang ich in einem Chor die H-Moll Messe von Johann Sebastian Bach (1685–1750). Viele Jahre in klassischen Chören vermittelten mir eine klare Vorstellung, was die Stimme in mir bewirken kann.

Unerwartet, vor 12 Jahren, öffnete sich mir eine neue Welt. Der Auslöser war ein Workshop des *Roy Hart Theatre* (RHT). Stimme in Aktion. David Goldworthy, der Leiter, interessierte sich weniger für die schöne als für die ganze Stimme. Das Erleben stimmlicher Möglichkeiten in freier Improvisation bewegte mich zu tiefst.

Seither, und von der Wirkung dieser Stimmarbeit überzeugt, besuche ich regelmässig Workshops am RHT und nahm Einzelstunden. Ich vertiefte mich in die Manuskripte und Schriften der Begründer dieser Stimmarbeit, Alfred Wolfsohn (1898–1962) und Roy Hart (1926–1975). Parallel dazu startete ich mit Matthias Rauh von *Music for People* in Bern eine Improvisationsgruppe.

In diesem Prozess reifte der Wunsch, meine Position in der Stimmarbeit verbindlicher zu definieren und meine Beobachtungen Interessierten zur Verfügung zu stellen. Was habe ich gelernt? Was ist mir wichtig? Welche Inhalte will ich vermitteln?

Es ist auch die mystische Erfahrung. Für den Physiker David Bohm (1917–1992) leben wir in einer Welt, die sich zur Einheit entfaltet. Wir sind mit unseren Gedanken und Handlungen in diesen Prozess eingebunden. Für mich ist die Befreiung der Stimme ein Weg zur Erfahrung dieser Einheit.

Das Buch richtet sich an Interessierte, Lehrpersonen, Künstler*innen, Menschen in Betreuungsfunktionen oder mit therapeutischen Aufgaben, sowie an angehende Lehrer*innen des RHT oder von *Music for People*. Ich orientiere mich an selbst Erfahrenem und freue mich, wenn ich Sie damit ermutigen kann, Ihre Freie Stimme zu finden.

Kürzlich konnte ich in einem Projektchor nochmals die H-Moll Messe singen. Das Erlebnis war anders als in meiner Jugend. Meine Stimme und die Einstellung zu diesem grossartigen Werk ist freier geworden. Erfahrungen mit Improvisation haben mir diese Freiheit geschenkt.

Dank

Mein besonderer Dank geht an die Lehrer*innen des RHT, die mir ihr tiefes Wissen über die Stimme jederzeit zur Verfügung stellten. Durch sie erhielt ich Einblick, dass es in der Stimmarbeit um mehr geht als um Technik. Es geht um unsere Existenz als freie Menschen.

Ein grosses Merci an: David Goldworthy und Marianne Le Tron (Thoiras, Südfrankreich), Noah Pikes (Zürich), Walli Höfinger und Christiane Hommelsheim (Berlin), sowie an Kaya Anderson, Carol Mendelsohn, Ivan Midderigh, Ian Magilton und Saul Ryan (Malérargues, Südfrankreich).

Die Zusammenarbeit mit Matthias Rauh (Bern) und Catherine von Graffenried (Bern) geben mir ebenfalls wertvolle Impulse.

Herzlich danke ich allen, die Entwürfe zu diesem Buches während seiner Entstehung lasen und mir Anregungen gaben: An Chen, Seraina Gilly, Clemens Lang und Matthias Rauh.

Catherine von Graffenried danke ich für das umsichtige Lektorat und die Vorschläge für Kürzungen. Christine Vögeli-Pakka gab mir Hinweise zur Rechtschreibung. Ulrike Bremer und die Mitarbeitenden des Verlages unterstützten mich beim Layout.

Vielen Dank!

Warum dieses Buch?

Unsere Stimmen sind Lebensenergie und Ausdruck unseres natürlichen Wesenskerns. Sie sind individuell, wie der Fingerabdruck. In der Regel bewegen sie sich im Rahmen von zwei Oktaven. In jedem Menschen gibt es aber eine Lust, Grenzen zu sprengen. Plötzlich stehen wir an der Schwelle zu neuen, kreativen Erfahrungen.

Die Freie Stimme

Nach den Thesen des deutschen Psychoanalytikers und Sozialpsychologen Hans-Joachim Maaz lernen wir in unserer Entwicklung vor allem eines: Wie und was wir sein sollen und wie wir uns zu verhalten haben. Das Resultat sei ein »falsches Leben« in einer »normopathischen Gesellschaft«.[1]

Dieser Druck lastet auch auf der Stimme. Sie wird durch Erwartungen, Normen und Ansprüche in Korsette gezwängt. Schon früh wird unterschieden zwischen Sprech- und Singstimme. Beim Singen haben wir uns an Noten und Stimmlagen zu halten (Sopran, Alt, Tenor, Bass). Die Lautstärke ist zu kontrollieren, um nicht aufzufallen. Alte Menschen sollen sich vom Singen zurückziehen, wenn ihre Stimme brüchig wird.

So viel Normierung provoziert und wirft Fragen auf. Wie steht es um das Wissen um die ganz andere, ursprüngliche Erfahrung der Stimme? Zum Beispiel, wenn wir von Glück, Schmerz oder Panik ergriffen werden? Was passiert mit der Stimme, wenn wir ganz loslassen? Steckt in jedem Engel nicht auch ein Teufel? Erleben wir jenseits der Normen nicht eine neue Erfahrungswelt, die alle Menschen verbindet?

Wir erfahren, dass wir verschiedene Stimmen in uns haben. Jede ist mit einer Facette unserer Persönlichkeit verbunden. Da gibt es die Schreie, die brüchige Stimme, das Gurgeln, das Wimmern, oder den Wutausbruch. Jede Stimme hat ihre Berechtigung und ist Zugang zu Erlebniswelten, die uns als Menschen verbinden.

Abb. 1: Kaya Anderson leitet einen Workshop (ca. 1983)

Sobald wir Grenzen überschreiten und das Normale verlassen, erleben wir Stimme als Urkraft, als Teil unseres authentischen Wesenskerns. Dieser ist in uns angelegt und sucht sich Ausdruck.[2] Stimme ist Lebensenergie, ein »Ja« zum Leben.

Stimmkünstler*innen nutzen diese Kraft. Sie sprechen von *Extended Voice Techniques*[3]. Dieser Begriff ist in den letzten Jahren zu einem technischen Fachbegriff geworden, der sich mehr auf die erzeugten Stimmeffekte als auf die inneren Prozesse bezieht. Da mir der innere Prozess wichtig ist und ich Anglizismen vermeiden will, habe ich mich entschieden, von »Freier Stimme« zu schreiben.

Ziel und Inhalt

Dieses Buch zeigt Ihnen, was Ihre Stimme sein könnte, wie Sie sie blockieren und auf welchen Ressourcen Sie aufbauen können, wenn Sie Ihr Potenzial entfalten wollen. Fachleute erhalten zudem praktische Tipps für Ihre pädagogische oder therapeutische Arbeit.

Ich stelle meine eigenen Erfahrungen ins Zentrum. Dabei bin ich mir aber bewusst, dass die Herausforderungen bei jeder Person anders liegen.

Das Buch ist ein Wegweiser für Ihre eigene Forschungsreise. Vielleicht führt sie diese zu einer neuen Kreativität oder in verborgene Bereiche. Ich spreche von Wünschen, Tabus, Träumen, Gefühlen und Emotionen. Vielleicht stossen Sie bis zum Urgrund, von dem David Bohm[4] spricht, vor.

Ich reichere meine Überlegungen mit Zitaten aus den Schriften von Alfred Wolfsohn (1898–1962) oder den inspirierenden Büchern und Zeitdokumenten, die Lehrer*innen des *Roy Hart Theatre* (RHT) verfassten[5], an. Die Endnoten verweisen auf diese weiterführende Literatur.

Muss Stimme immer schön sein?

Nein. »Schön-Singen« ist Teil des Universums der Stimme, aber nicht das primäre Ziel. Sie finden deshalb in diesem Buch nur wenige Hinweise auf Gesangstechnik. Viel interessanter ist für mich, was sich hinter dem Schönen verbirgt. Es braucht zuerst die Erfahrung der »Freien Stimme«. Erst dort entsteht die Verbindung zur Persönlichkeit.

Die Fixierung auf das Schöne ist eine der Blockaden, die viele davon abhält, ihre Stimme ganzheitlicher zu erkunden. Im Wettbewerb versuchen sie, ihre Stimme zu optimieren. Das Hässliche wird ausgemustert. Stimme wird zum Objekt von Bewertung. Der damit verbundene Optimierungszwang ist gerade im Zeitalter der Sozialen Medien ein Phänomen. Die Soziologie spricht von der Valorisierungsgesellschaft[6].

John Cage (1912–1992) hat diese Frage am Beispiel des Unterschiedes zwischen Ballett und modernem Tanz erörtert.[7] Im Ballett werde alles der Darstellung untergeordnet. Das verleite zu Perfektionismus. Der moderne Tanz hingegen brauche den ganzen Körper, suche das Experiment, das Erforschen des Unbekannten, die Entdeckung. Cage sprach von einer affirmativen Haltung gegenüber dem Leben.

Dies gilt auch für die Stimme. Bei der »schönen Stimme« geht es um Darstellung. Der Kern der Freien Stimme ist hingegen die affirmative Haltung gegenüber dem Leben. Sind unsere Vorstellungen von Schönheit unter Umständen zu eng gefasst? Braucht es eine neue Ästhetik?

Entwicklung Ihrer Persönlichkeit

Eine Stimme zu haben bedeutet, dass es eine Person gibt, Leben, Gefühle, einen Hals, eine Brust, sowie eine Lust, sich auszudrücken. Wie der Körper ist sie Teil unseres natürlichen Wesenskerns. Sie drückt aus, was wir sind und werden wollen.[8] Sie ist das Tor zur Welt, die sich entfaltet.

In der Stimmarbeit geht es damit immer auch um Persönlichkeitsentwicklung. Besonders die freie Improvisation ist eine Möglichkeit, Türen zu Kreativität und Imagination zu öffnen.

Alfred Wolfsohn war dies bewusst. Er nutzte Stimme als diagnostisches Instrument für die Erfassung von Personen und die Stärkung ihrer Potenziale. Er glaubte, dass die Möglichkeiten, die in der Stimme liegen, unsere Vorstellungskraft bei weitem übersteigen. Er wollte seine Schüler*innen in diese Freiheit führen.

Persönlichkeit entwickelt sich dabei insbesondere dort, wo wir Grenzen überschreiten.[9] Improvisationen mit der Stimme ermutigen Sie dazu. Sie lernen spielerisch, neue Zustände Ihrer Existenz – nicht nur das Schöne, Harmonische – zu umarmen. Zu erleben, dass der Stimmumfang viel grösser ist, als Sie sich das je vorstellen konnten, wird Sie erschüttern.[10]

Improvisation eröffnet neue therapeutische Zugänge. Diese lassen sich für Menschen in schwierigen Situationen nutzen. Der Psychoanalytiker Wilhelm Reich (1897–1957) war der Meinung, dass die assoziative Gesprächsentwicklung in klassischen Psychotherapien dazu tendiere, Probleme zu umschiffen. Man müsse Patienten bitten, eben gerade nicht zu sprechen. Sprache diene der Verteidigung.[11]

Stimmarbeit ist eine Alternative. Paolo Knill (1932–2020), der Begründer der Ausdruckstherapie, fasst es wie folgt zusammen: Beratung, Therapie und Coaching kommen nicht ohne Sprache aus. Das berge die Gefahr, dass das Prozesshafte, Sinnlich-Vitale und Komplexe reduziert, verallgemeinert und festgeschrieben werde. Künstlerisches Tun schaffe hier einen Ausweg, auch wenn es mit einfachsten Mitteln ausgeübt werde.[12]

Die Weltgesuchtheitsorganisation (WHO) hat die Wirkung kreativer Tätigkeiten untersucht. Dazu wurden 900 wissenschaftliche Publikationen ausgewertet. Die positiven Wirkungen wurden klar nachgewiesen. Die WHO empfiehlt, Musik und Kunst auf Rezept zu verschreiben, als Ergänzung zu den oft viel teureren medizinischen Therapien.[13]

Einladung

Alfred Wolfsohn widmete sein Leben dieser Arbeit. Nach ihm ist jeder Mensch aufgefordert, die Reise zu seinem natürlichen Wesenskern über die Stimme zu gehen.[14] Für diese Reise rät Wolfsohn, die »Kälte der objektiven Betrachtung«[15] abzulegen. Erst durch die subjektive Erfahrung sei es möglich, neue Erkenntnisse zu gewinnen.

Ich lade Sie ein, dieses Buch mit Forschergeist zu lesen. Es geht darum, Nuancen zu spüren und zu ergründen. Stimme ist nicht einfach ein stabiles Merkmal Ihrer Persönlichkeit, sondern sie wird immer wieder neu geschaffen. Sie ist ein Ereignis, das im Moment und im Kontext passiert.[16]

Reflexion 1

Wann hatten Sie in Ihrem Leben das erste Mal ein emotionales Erlebnis mit Ihrer Stimme?

Um welche Gefühle ging es dabei?

Beobachten Sie Kinderlärm.

Gelingt es Ihnen, das Geschrei als Konzert wahrzunehmen?

Pioniere einer Freien Stimme

Die Biographien und Lebenswerke von Alfred Wolfsohn (1898–1962) und seines Schülers Roy Hart (1926–1975) haben eine besondere Strahlkraft. Sie sind Zeugnis der engen Beziehung zwischen Stimme, Existenz und Lebensenergie. In Extremsituationen wie Schmerz, Todesangst oder überbordender Begeisterung entgleitet die Stimme ihrem Korsett.

Alfred Wolfsohn

Alfred Wolfsohn wuchs in einem behüteten und kultivierten jüdischen Haushalt in Berlin auf. Er interessierte sich für Kunst, Philosophie, Religion und Kultur. Seine Lehrer sprachen ihm eine hohe Sensibilität zu.[17]

Er war 10 Jahre alt, als sein Vater starb. Dieser hatte 1870 den Krieg mit Frankreich erlebt und seinem Sohn vermittelt, dass gerade die Juden als Minderheit eine besondere Verpflichtung hätten, dem deutschen Vaterland zu dienen. Diese Worte prägten den jungen Alfred. Und so trat er seinen Wehrdienst im ersten Weltkrieg als überzeugter Soldat an, der Sache Deutschlands verpflichtet.

Der junge Wolfsohn verbrachte zwei Jahre an der Front in Belgien und beschrieb diese Zeit als Hölle. Er hatte traumatische Erlebnisse. Diese zeigten ihm aber auch auf, »welch verborgene Kräfte im Menschen leben, die er nur durch die Herausforderung der Todesgefahr, des bittersten Kampfes um jede Sekunde seiner Existenz entdecken kann.«[18]

Zwei Erlebnisse, beide verbunden mit Stimme, blieben ihm in besonderer Erinnerung: »Wir hatten einen ganz jungen Burschen mit einem schweren Bauchschuss abzuschleppen. ... Er schrie und schrie, und das Grässlichste war, wenn er nach der Jungfrau Maria und nach seiner Mutter rief. Wir waren hilflos, keiner von uns wusste ..., was tun. Der Sanitätsgefreite versuchte, einen Verband anzulegen; es half nichts. Nach einer Weile mussten wir die Bahre niedersetzen, keiner von uns konnte dieses Brüllen mehr ertragen.«[19]

Im zweiten Erlebnis stand er selbst vor dem Tode. »Infolge der Regenstürme waren die Schützengräben zu Morast geworden und nach einer Weile blieb ich darin stecken. Ich schrie meine Kameraden um Hilfe an, doch keiner hörte es und ich blieb allein. Stunde nach Stunde kroch ich,

Zentimeter für Zentimeter, zurück.«[20] »In meiner Nähe lag jemand, der schrie in seinen Todesqualen um Hilfe. Wir beide teilten die Gemeinschaft der letzten Verzweiflung und die, Mensch zu sein. Ich liess ihn liegen.«[21]

Nach 20 Stunden fand Wolfsohn einen Unterstand. »Was dann geschah, weiss ich nicht mehr, nur, dass ich später erfuhr, dass ich durch eine Granate verschüttet war, und dass ich am nächsten Morgen in dem Keller eines Hauses unter einem Haufen von Leichen erwachte.«[22]

Diese zwei Erlebnisse traumatisierten ihn. In beiden ging es um Stimme. »So gross war der Eindruck, dass ich die Stimmen heute noch höre. Sie hatten sich festgesetzt in meinen Ohren und verliessen mich nicht mehr. Sie klangen ... ausserordentlich hoch, aber dieses Extrem wird immer benutzt, wenn der Mensch in Gefahr ist. In einer solchen Situation wird er wegen seiner Hilflosigkeit ... zum Kinde, ja zum Baby ... .«[23]

Der Krieg erschütterte sein Weltbild. Er brach das Studium der Rechtswissenschaften ab. Kunst bedeutete ihm nichts mehr. »Was konnte mir eine Klaviersonate von Beethoven bedeuten, wenn die Kugeln pfiffen, die Schrapnells platzten und die Geschütze heulten? Oder sollte ich so für mich hin zarte Gedichte von Mörike zitieren, wenn da jemand schrie, dem man einen Bauchschuss reingeknallt hatte?«[24]

Er schrieb: »Du kennst sicherlich auch das Wort: Vom Erhabenen zum Lächerlichen ist nur ein Schritt. Das Leben hat mir von früh an gezeigt, mit welch rasender Schnelligkeit, mit welcher Vollkommenheit dieser Schritt gemacht worden ist, so sehr, dass ich oft in bitterer Verzweiflung mich habe fragen müssen, ob dieses Erhabene überhaupt existiert und nicht genau so eine Illusion ist, eine Lüge wie alle die Lügen über Zivilisation, Kunst, Kultur, Religion ... .«[25]

Die Beschäftigung mit der Stimme wurde für Wolfsohn zum Ausweg aus diesem Trauma. Zuerst versuchte er, im Selbststudium die im Krieg erlebten Szenen stimmlich nachzubilden. Das nützte. Schon bald half er anderen traumatisierten Menschen, ihre Stimme zu finden. Er wurde ein bekannter Stimmlehrer.

Er wählte den Weg, andere das Singen zu lehren.[26] »Wenn ich mir selber vorstelle, was ich als Generalnenner in meinen … Arbeiten bezeichnen könnte, so ist es, dass sie Detektivromane sind, aber nicht damit beschäftigt, wer das Leben in Menschen gemordet hat, sondern damit, wie es im Menschen geboren und entwickelt werden kann.«[27]

Alfred Wolfsohn entwickelte seine eigene Lehre[28]. Die Arbeit mit der Stimme wurde für ihn zum Mittel, den göttlichen Kern im Menschen zu befreien. Sie war für ihn eine Art von *Magnus Opus*[29], durchaus im alchemistischen Sinne. Er betrachtete das im Krieg erlebte Chaos als eine Basis für Lernen und Transformation. Es sollte umarmt und kein Widerstand dagegen aufgebaut werden.

Seine Interessen reichten von Physik bis zu Psychologie, Philosophie oder Religion. Alles stellte er in den Dienst der Stimme. Grenzen von Fachgebieten spielten für ihn keine Rolle, »… selbst auf die Gefahr hin, dass mich die Gesangslehrer für einen schlechten Psychologen und die Psychologen für einen schlechten Gesangslehrer halten.«[30]

Alfred Wolfsohn hatte als Stimmlehrer eindrückliche Erfolge. Er war überzeugt, dass in jedem von uns ein Ikarus steckt.[31] »Wüssten die Menschen mehr, was sie nicht tun, das heisst mit anderen Worten, glaubten sie mehr an sich selbst, an ihre Fähigkeiten, die in ihnen schlummern, sie wüssten mehr, was sie tun.«[32] Verschiedene seiner Schüler*innen hatten einen Stimmumfang von 6–8 Oktaven.

Er schrieb: »Die Stimme ist ein gefährliches Instrument. Verstehen sie mich recht: ich meine nicht gerade den greifbaren Ton der Stimme, der kann hoch oder tief sein, klangvoll oder rauh, ich meine nicht das Stoffliche der Stimme, den Klang selbst, nein, ich halte mich an das Mysterium hinter der Stimme. Diese Welt, aus der das Mysterium hervorkommt, ist die des Unbewussten.«[33]

Abb. 3: Alfred
Wolfsohn mit
Marita Günther

Der Nachfolger: Roy Hart

Roy Hart, ein junger Schauspieler und Tänzer aus Südafrika, war beunruhigt, dass er zwar ein begabter Schauspieler sei, es seiner Stimme für die Bühne aber an Tiefe und Körperlichkeit fehle. Kurz nach seiner Ankunft in London (1954) gab er sein Studium an der Schauspielschule auf, um mit Wolfsohn an seiner Stimme zu arbeiten.

Abb. 4:
Roy Hart und
Alfred Wolfsohn

Die Zusammenarbeit startete wie ein Feuerwerk. Hart hatte Wolfsohn zum Nachtessen eingeladen. Er erwähnte, dass er Schwierigkeiten habe, die Rolle des Othello zu spielen, da er sich nicht als Mörder fühle. Wolfsohn bat darauf Hart, die Türe zu schliessen, und offerierte ihm eine Singstunde. Diese bestand darin, dass er Hart mit Provokationen und Beleidigungen derart in Wut trieb, dass dieser handgreiflich zu werden drohte. Am Siedepunkt fragte ihn Wolfsohn ruhig, ob er sich nun als Mörder fühle.

Diese radikale Verbindung von Therapie und Kunst erschütterte Hart. Er entschloss sich, mit Wolfsohn zu arbeiten.[34] Bald war er der begabteste Schüler von Wolfsohn.

Nach dessen Tod (1964) übernahm er die Leitung des Studios in London und entwickelte die Stimmarbeit von Wolfsohn weiter. Daraus entstand eine neue Form von experimentellem und expressivem Theater. Nach seiner Einschätzung fehlt den meisten Leuten, auch im Theater, der Bezug zu ihrem Körper. Singen, die Stimme, war für ihn Körperlichkeit.[35]

Abb. 5: Roy Hart in »Ich bin« (1973)

Roy Hart entwickelte sich zu einem gefragten Solisten für zeitgenössische Musik. Er besass einen enormen Stimmumfang und beherrschte die Technik der *Extended Voice*. Der deutsche Komponist Hans Werner Henze (1926–2012) schrieb Stücke für seine Stimme. Karl-Heinz Stockhausen (1928–2007) zog ihn für die Aufführung seiner Kompositionen »Aus den Sieben Tagen« und »Abwärts« bei.

Die Gruppe um Hart, die sich später *Roy Hart Theatre* (RHT) nannte[36], wurde zu einem Magneten für junge Theaterschaffende. Im Studio herrschte eine kreative, zuweilen anarchische Atmosphäre. Beteiligte beschrieben es als Kirche, Theater, Fitnessraum oder gar Klinik, in der sich Energien verbanden. Andere sprachen von einer hierarchischen Struktur, die von Hart dominiert wurde. Der Aufzeichnung von Träumen wurde viel Gewicht beigemessen. Sie bildete die Grundlage für Improvisationen.[37]

Abb. 6: Das RHT, schweigend in »Marriage de Lux« (1973)

Das Publikum war oft schockiert ob der Radikalität der Truppe. Manche Aufführungen waren Gruppentherapien in vollem Schrei, andere Ausharren in totalem Schweigen. Häufig musste die Truppe die Aufführungen unterbrechen und das Publikum, falls es überhaupt noch im Saal war, beruhigen. »Unser Publikum wollte mehr Ur-Schreie. Aber Roy wollte Worte. Und so vertieften wir uns in einige recht schräge Manuskripte.«[38]

»Die Aufführungen, meist über drei Stunden, waren nie gleich. Sie bewegten sich mit Roy am Klavier, mit einer Leitung über Code-Wörter oder Akkorde. … Sie waren konfus und schwer zu verstehen. Und wenn man einmal etwas nicht verstand, dann wusste man, dass man etwas Wichtiges verpasst hatte.«[39]

Es ging Hart nicht um die Schaffung von kurzfristigen Erlebnissen und *Performance*. Es war die Kreativität, die ihn interessierte. Er verstand das Theater als Hingabe an das Leben. Beteiligte berichten, dass das Engagement so total war, dass es schwierig war zu unterscheiden, ob es sich um Therapie, Kunst oder Forschung handelte.

Die Höchstleistungen mit der Stimme und auf der Bühne waren nur möglich, weil zwischen den Beteiligten Intimität und blindes Vertrauen herrschte. »Wir kannten unsere geheimen Wünsche, unsere Träume und Ängste aus langen therapeutischen Sitzungen unter der Leitung von Roy, an der alle teilnehmen mussten.«[40] Diese Sitzungen wurden zu einem Grundpfeiler der kreativen Gemeinschaft.

Einer der Beteiligten, Noah Pikes, beschrieb, wie Hart die Anwesenden aufforderte, eine Vergewaltigung zu spielen[41]. Es ging um Schreie der Verzweiflung, die totale Stimme. Die Aggression kochte hoch.[42]

Für Hart wurde das Theater und die Arbeit mit der Stimme zunehmend zu einem pädagogischen Projekt. Kunst sollte nicht mit dem Intellekt verstanden, sondern täglich gelebt werden. Er glaubte an das Individuum, seine Fähigkeit zum Künstler, und die grenzenlosen Möglichkeiten der Stimme. Das Theater eröffnete ihm Wege, immer weitere Kreise anzusprechen.[43]

Das Mitmachen wirkte sich auf den Alltag der oft noch jungen Beteiligten aus. Hart definierte die Richtung und setzte ideologische Leitplanken.

Anarchie stand im Raum. Es ging um Werte wie: »Ihr seid einander gelie-hen«, »Besitz ist eine Illusion«.[44] »Nur Menschen, die persönlich berührt sind, können einen Unterschied in der Welt machen.«[45]

Im Kern ging es Hart um das Wachstum des Egos zum *Involvement*, wo-bei er dem Theater alles unterordnete.[46] Er war fasziniert, dass sich un-ter den meist jungen Leuten, die in diesen kreativen Prozess eingebun-den waren, ein Familiengefühl entwickelte. Die Mitglieder der Gruppe erhielten zum Teil neue Namen. »Das einzige, was nicht passierte, war, dass wir uns in orange Kleider stürzten.«[47] Psychiater, Drogenabhängige, Theaterschaffende, Stotterer. Soziale Inklusion wurde gelebt. Vorurteile wurden konsequent bekämpft.[48]

Liebesbeziehungen wechselten häufig. Sie mussten offen deklariert wer-den. Das Kommunenleben ging sogar soweit, dass die Beteiligten einmal von Roy aufgefordert wurden, homosexuelle Beziehungen einzugehen, um von der Totalität der möglichen Erfahrungen zu profitieren.[49]

Bereits in London bildeten sich Kommunen. Später (um 1968) folgte die Suche nach einem Ort, an dem sich die Vision des Theaters noch radikaler leben liess. Nach dreijähriger Suche fand die Gemeinschaft in den Cevennen (Frankreich) ein baufälliges Schloss, Malérargues, Teil einer Seidenfabrik. Man entschied sich, hier die Vision umzusetzen: Selbstversorgung, Finanzierung über internationale Theaterproduktionen, Leben als Kommune und eine gemeinsame Kasse.

Die Radikalität, in der 47 Personen ihr zum Teil geordnetes Leben in London für diese Vision aufgaben, ist aus heutiger Sicht ein überwältigendes Zeugnis für die Energie, die diese Art von Stimm- und Theaterarbeit im damaligen Umfeld erzeugen konnte. Theater, die Stimme, aber auch die Vision eines Lebens als anarchische Kommune beflügelten die Beteiligten.

Abb. 8: Gruppe vor der Abfahrt aus London

Die Hindernisse, die es zu überwinden galt, waren von Anfang an beträchtlich, vor allem auch die wirtschaftlichen. In den Büchern der Gründergeneration finden sich eindrückliche Zeugnisse.[50] Während ein Teil der Gruppe als Bautruppe arbeitete und andere damit beschäftigt waren, durch Gelegenheitsarbeiten Geld einzutreiben, schrieb der innere Kreis um Roy Hart neue Stücke.

Eine erste Tour mit einer Theaterproduktion durch Österreich und Spanien war für Frühjahr 1975 vorbereitet und startete mit Erfolg. Doch mitten in der Umsetzung erreichte die Gemeinschaft am 18. Mai 1975 die Nachricht, dass Roy, seine Frau Dorothy und seine Geliebte Vivienne in der Nähe von Fréjus (Südfrankreich) bei einem Autounfall ums Leben gekommen waren.

Die Tragödie war ein Schock. Es folgten viele Jahre in bitterer Armut. In den Worten von Ian Magilton, einem der über 40 Beteiligten, musste sich die Organisation von einer Autokratie, mit einem klaren Kopf (Roy Hart), in eine Demokratie entwickeln.[51]

Abb. 9:
Malérargues in
der Gründungs-
phase (1974)

Für die meisten war es wie ein Wunder, dass die Gemeinschaft trotz des enormen Verlustes überlebte und sich sogar weiterentwickelte.[52] Es folgten weitere Produktionen. Viele aus der Gründergeneration wurden Stimmlehrer*innen.

Ian Magilton schreibt treffend: »Klar waren wir Helden, als wir Roy Hart von London nach Malérargues folgten. Und wir waren Helden, als wir uns nach seinem Tode zusammenraufen, um den Traum zu erhalten. Solche Heldentaten gehören zur Jugend. Aber die Schulden anderer Menschen zu begleichen ... oder unsere wirtschaftlichen Grundlagen durch den Bau von einfachen Workshop-Räumen zu verbessern, wo wir doch grosses Theater geplant hatten: das war die eigentliche Heldentat. Und dies alles in mittlerem Alter, in dem man sich in der Regel um Haus, Kinder und andere Dinge kümmert. Das brauchte in der Tat Mut und Ausdauer.«[53]

Das Vermächtnis

Gerade weil sie sich nicht um Grenzen zwischen Fachdisziplinen kümmerten, gelang es Wolfsohn und Hart, neue Räume zu öffnen und Ressourcen für die Stimme zu erschliessen. Wolfsohn legte den Grundstein. Er hatte erfahren, dass das Potenzial der Stimme unsere Vorstellungskraft bei weitem übersteigt. Hart gab den Erkenntnissen von Wolfsohn einen Fokus, das totale Theater.

Ihre Leben zeigen, dass es bei der Stimme um Authenzitität und Lebensenergie geht. Sie ist – wie Körper, Gefühle und Wünsche – Teil des natürlichen Wesenskerns. Extreme Situationen, starke Gefühle sowie die Freude und Lust an Kreativität machen diesen Wesenskern erfahrbar.

Unter Hart wurde die Arbeit mit der Stimme zum sozialpädagogischen Projekt. Über seinen Tod hinaus entwickelte sich sein Theater zu einem Ort, an dem verschiedenste Strömungen und Lehren aus Psychologie, Körperarbeit, fernöstlichen Traditionen und Philosophie in die Arbeit mit der Stimme integriert wurden.

Abb. 10:
Das RHT in
»L'economiste 2«
(1975)

Roy Hart sprach vom tiefen Wunsch jedes Menschen, Grenzen zu sprengen und das Feld des Bewusstseins auszuweiten. Sein Theater demonstrierte, dass in jedem Menschen Widersprüche stecken. Diese sind nicht zu unterdrücken, sondern als Ressource für die Entwicklung von Stimme und Persönlichkeit zu nutzen.

Die Freie Stimme ist Ereignis, Drama und pure Energie. Für ihre Entfaltung braucht es die Bereitschaft, aus der Komfortzone auszubrechen. Aber wo wir ergriffen sind, sind wir jenseits der Peinlichkeit. Wir können Mensch-Sein in reinster Form erleben, in dem wir alle Zustände unserer Existenz mit der Stimme umarmen.[54]

In der Kunst ist es schwierig, die Balance zwischen Freiheit, Konzentration und Disziplin zu finden. Der entbehrungsreiche Weg, den die Pioniere des RHT nach dem Tode von Hart gingen, spricht für die Kraft der Disziplin, das Ausharren. Sie erlebten keine Wohlfühloase. Ihre Arbeit mit der Stimme hatte einen direkten Bezug zur gelebten Existenz.

Das RHT lebt auch nach bald 50 Jahren weiter und hat vor allem bei Jungen einen wachsenden Erfolg. Das gibt Hoffnung!

Stimme
in Entwicklung

Wie die Atmung, die Berührung des Körpers mit dem Universum, begleitet uns die Stimme von Geburt bis Tod. Dabei steht sie jederzeit im Spannungsfeld von Körper, Psyche und Fokus. Letzterer erzeugt im Augenblick Aufmerksamkeit und Spannung. Ob Sprech- oder Singstimme: die Wurzeln sind die gleichen.

Der Impuls zur Stimme

Die Stimmforscherin Jean McClelland, die sich mit Alexandertechnik beschäftigt, beschreibt die Stimme im ursprünglichen Zustand als einen Impuls oder Reflex. Sie spricht von der authentischen Stimme. Diese wird nicht gemacht, sondern man muss einfach zulassen, dass sie passiert.[55]

Das lässt sich mit einem Experiment überprüfen. Versuchen Sie, den feinen Unterschied zwischen »Stimme machen« und »Stimme zulassen« zu spüren. Ein »Ha« als eine Empfindung aus dem Körper zuzulassen, ist etwas anders, als sich vorzunehmen, ein »Ha« auszusprechen. Diese Übung ist im Sufismus bekannt. Mit Wollen ist nichts zu erreichen.

Ähnlich sah es bereits Paul J. Moses (1897–1965). Nach ihm ging die Produktion von Tönen in einer Parallele mit wohlfühlenden Körperempfindungen. Sogar Schreie lösten letztlich ein Wohlbefinden aus. Man könne hier auch einen Bezug zu den animalischen Wurzeln des Menschen erkennen.[56]

Catherine Fitzmaurice, die vor allem mit Schauspieler*innen arbeitet, beschäftigt sich mit diesen Stimmimpulsen. Sie bezieht sich auf den Psychologen Wilhelm Reich (1897–1957). Dieser gliederte die Psyche in drei Ebenen: den natürlichen Impuls, die Maske und das Unbewusste. Der natürliche Impuls sei die Grundlage der beiden anderen Ebenen.

Abb. 11:
Catherine
Fitzmaurice

Für Fitzmaurice ist die Zuwendung zu Impulsen der Schlüssel zur Entwicklung der Stimme[57]. Sie spricht von *fluffy sounds*. Diese bildeten den Übergang des körperlichen Ausdrucks zur Stimme. Fitzmaurice beobachtete, dass diese Töne mit jeder Ausatmung und der Entspannung von Gefühlen entstehen. Sie können als die ursprünglichen Töne, aus denen die Sprache entstand, verstanden werden.[58]

Ausdruck, Schönheit und Qualität der Stimme haben einen direkten Bezug zu dieser Ebene. Im Kern geht es ums Loslassen.

Kinderstimmen

Ein Säugling schreit über längere Zeit, ohne heiser zu werden. Das ist ein Phänomen. Wolfsohn schrieb: »Er kennt keine ... Rücksicht auf Kehle und Stimmbänder. Er läuft blau und rot an, aber er wird nicht heiser.«[59]

Alfred Wolfsohn erklärte sich das damit, dass das Denken beim Säugling noch untergeordnet ist. »Er schreit gar nicht. Es schreit aus ihm heraus. Er ist ohne Hemmungen, weil er nur von dem einen Trieb besessen ist, satt werden zu wollen. Dann legt er sich stillvergnügt hin, schläft und hat damit nichts anderes zu tun, als sich auf das nächste Schreien zu konzentrieren.«[60]

Auch bei kleinen Kindern fliessen die Emotionen noch frei durch die Muskeln. Sie spiegeln sich in den Gesichtern. Die Stimme hat in diesem Alter einen direkten Bezug zu den Gefühlen und Emotionen. Töne sind spontane Antworten auf Situationen oder Probleme.

Das Verhältnis von Stimme und Sprache ist noch schwebend. Töne und Geräusche reihen sich aneinander, werden aber zuerst nur in Ansätzen in einen Sinnzusammenhang gebettet. Das weckt Parallelen zum Lautgedicht im Dadaismus oder zum *Gibberish*, der Nonsense-Sprache. Das Kind orientiert sich an der Umgebung und spiegelt das Gehörte.

Eigenschaften in der Stimme von Bezugspersonen, auch Verkrampfungen, werden übernommen[61]. Wenn das Kind taub ist, wird sich seine Stimme ganz anders entwickeln. Kinder, auf die viel eingeredet wird oder die in konfliktreichen Situationen leben, können auch Hör-Blockaden entwickeln. Solche Blockaden kennt man auch bei autistischen Veranlagungen.

Die Überprägung des natürlichen Wesenskerns, der Welt der Impulse, startet bei Kindern im Alter von 3–4 Jahren. Neben den Gefühlen bilden sich Emotionen. Diese sind angelernte Gefühle und entwickeln sich zu Blockaden, auch in der Stimme. Beispiele sind Weinen, trotziges Zwängeln oder andere Verkrampfungen.

Abb. 12: Gefühle fliessen noch frei

Alfred Wolfsohn betrachtete die in Kinderstimmen sicht- und hörbare Konzentration und Intensität als das Wesentliche beim Singen, auch bei Erwachsenen. Sie bilden nach ihm die Grundlage für das Ausdrucksvermögen der Singstimme.

Es geht nicht mehr nur um die Befriedigung von primären Bedürfnissen, sondern um die aktive Zuwendung zur Welt. Das Ego entwickelt sich. Dies ist die hauptsächlich auf Erinnerungen beruhende Vorstellung, wer man ist. Stimme wird eingesetzt, um Ziele zu erreichen und an der Gemeinschaft teilzunehmen. Die Sprache wird immer wichtiger.

Das Gehörte bleibt eine Quelle. Nicht alles wird sofort verstanden. Es muss eingeordnet werden. Wolfsohn erzählte dazu gerne folgende Erinnerung: »Ich schlief als Junge neben dem Schlafzimmer meiner Eltern. Eines Nachts wachte ich auf und hörte von dort Schreie – zwei verschiedene Schreie – der eine ein leidenschaftliches Stöhnen, das von meinem Vater herrühren musste, der andere ein qualvolles, ächzendes Winseln, in dem ich die Stimme meiner Mutter erkannte. ... Noch heute sehe ich mich entsetzt im Bett aufgerichtet, in furchtbarer Anspannung angstvoll lauschend.«[62]

Die Sprache entwickelt und verfeinert sich. Ihre Elemente sind Vokale und Konsonanten. Wolfsohn beobachtete, dass in Gefühlsausbrüchen – Freude, Begeisterung, Enttäuschung – die Vokale tief aus der Brust hervordringen. Bei der Bildung der Konsonanten spielten dagegen die Lippen oder der Mund als Instrumente die Hauptrolle. Er sah in Vokalen das weibliche, in Konsonanten das männliche Prinzip.[63]

Jugendliche und ihre Stimmen

Diese Gruppe sucht ihren Platz in der Welt. Die Prägung der Charakterzüge wird fortgesetzt. Die Sprache wird zum zentralen Kommunikationsmittel, mit dem man sich Gehör verschafft. Die Stimme wird für den Rest des Lebens stärker an Ziele, Erwartungen und Vorstellungen gebunden.

Das Fenster zur Lebensenergie steht noch weit offen. Wolfsohn berichtete gerne von seinen Erfahrungen als Jugendlicher mit der Stimme und dem Singen in Chören. Es geht um das Gefühl der Freiheit, das Spüren des Körpers im Moment. Parallel dazu gibt es die in der Jugend typischen Hemmungen. Man will in der Gruppe nicht auffallen.

Die erste Begegnung mit dem Meer blieb Wolfsohn in Erinnerung: »Was ich noch heute in den Nerven spüre, ist der Wind, der mir entgegenwehte, der meinen Körper in Bewegung setzte, der mich tanzen liess, der mich zu unsinnigen Sprüngen verleitete, der mich Worte stammeln liess, mir taumelnde Schreie entlockte, deren Ursprung mit fremd war, der mich singen liess, was sich fremd dem Innersten meiner Brust entrang.«[64]

Abb. 13: Stimmen der Begeisterung

Als er wieder zur Besinnung kam, erfasste ihn – zu seinem Erstaunen – eine sonderbare Scham. »Ich konnte es mir nicht vorstellen, dass mein sonst so steifer Körper sich gelöst und in einem Singen entladen hatte, das mir unbekannt war.«[65]

Die Sexualität erwacht, und aggressive Funktionen werden gestärkt. Beide sind wichtig für die Stimme. In der Stimmarbeit geht es häufig darum, aggressive Funktionen wiederherzustellen[66]. Beide, Sexualität und Aggression, sind auf ein Objekt gerichtet. Die Aggression ist nötig, um die langen Muskeln im Rücken und in den Beinen, die für die Stimmkraft wichtig sind, zu aktivieren.

Die Stimme der Erwachsenen

Die Anpassung an soziale Normen wird stärker, wenn man seinen Platz in der Gesellschaft gefunden hat und eine Rolle einnimmt. Man entwickelt Gewohnheiten und passt sich Erwartungen an. Im Chor braucht man eine andere Stimme als am Arbeitsplatz. Jauchzen ist höchstens am Wochenende oder in den Bergen erlaubt. Am Telefon muss man einen moderaten Tonfall wählen.

Kreativität bleibt ein Ruf und ein Wesenszug. Und hier gibt es den erwähnten Bezug zur Aggression und zur Sexualität. Das reine Wohlbefinden erzeugt noch keine kreative Energie. Das gilt auch für die Stimme. »In der Abwesenheit von Aggression ist Sex reduziert zu Sinnlichkeit, zu erotischer Stimulation ohne Klimax und Orgasmus.«[67] Es braucht ein Objekt, auf das man sich hinbewegt.

Die Stimme wird zum individuellen Merkmal. Sie charakterisiert sich wesentlich durch ihre Klangfarbe, das Timbre. Diese entsteht durch den Resonanzkörper. Dieser befindet sich im oberen, knochigen Bereich des Schädels und ist auch für die Obertöne wichtig. Bei einem flachen „U" im unteren Bereich des Körpers hat Stimme praktisch keine Resonanz.

Das Timbre hat eine psychologische, aber auch eine soziale Bedeutung und Wirkung. Menschen mit einer schrillen Stimme (Resonanz im Kopf) wirken dominant. Es gibt aber auch Menschen, die im unteren Bereich dumpf vor sich her munkeln. So entwickeln sich direkte Bezüge von der Stimme zum Charakter, zur Persönlichkeit und zum Bild, das sich die Mitmenschen von einer Person machen.

Stimme im Alter

In meinem Bekanntenkreis ist der Glaube verbreitet, dass man im Alter nicht mehr singen kann und die Chancen schwinden, es mit der Stimme noch zu etwas zu bringen. Letzteres ist immer auch eine Frage der Schönheitsideale. Allzu rigide Ideale entmutigen alte Menschen, Freude an der Stimme zu haben.

Alfred Wolfsohn hätte dem Vorurteil entschieden widersprochen. Er war überzeugt, dass das Alter letztlich keine Rolle spielt für die Fähigkeit zu singen.[68] Er verwies auf Johann Wolfgang Goethe (1749–1832). Dieser vertrat die Ansicht, dass das Leben in Perioden mehrerer Pubertäten verlaufe.[69] Goethe sah dies als Geheimnis, eng mit der Frage der Lebensenergie verbunden.

Für Wolfsohn galt das auch für die Stimme. Menschen seien auch im hohen Alter fähig, mit der Stimme grosse Leistungen zu erbringen. Sie sollten sich dazu gänzlich von der Vorstellung befreien, dass sie mit dem Kehlkopf singen. Das Kraftzentrum der Stimme befinde sich vielmehr im Körper. Dies hatte er in seinen Kriegserlebnissen beobachtet. Denken und Überlegungen nützten wenig. Weiter wäre nur erforderlich, »dass sie sich dem festen Glauben hingäben, in geraumer Zeit singen zu können.«[70]

Abb. 14:
Kaya Anderson,
die letzte noch
lebende Schülerin
von Wolfsohn

Er ermutigte seine Schüler*innen, ihm ihre Träume mitzuteilen. Das gab ihm Aufschlüsse über psychische Blockaden. Zum Beispiel erzählte ihm eine ältere Frau, wie sie geträumt hatte, in einem Zimmer zu sitzen, in dem ihre Schwester Gesangsstunden erhielt. Ihr Versuch zu singen sei von den Worten der Lehrerin unterbrochen worden: Sie könne erst singen, wenn sie lerne, auf allen Vieren zu kriechen.

Alfred Wolfsohn sah in diesem Traum die Bestätigung, dass auch im Alter ein Weg nach vorne aus der Tiefe heraus angetreten werden könne. Er sah Parallelen zu seinen Kriegserlebnissen, »durch Kriechen leben zu lernen«[71]. Nachdem er das mit der Schülerin besprochen hatte, stellte er fest, »dass aus der Verkapselung einer alten Stimme sich langsam eine andere entwickelte ..., die sämtliche Kennzeichen einer jungen Stimme aufwies.«[72]

In allen Kulturen finden sich Erfahrungen mit Lebenskraft im Alter. Die Kelten glaubten, dass das leidenschaftliche Herz nie altert. Auch alte Menschen könnten voller Unfug und Lebenslust stecken. Und wenn sie ihrer Lebenskraft treu blieben, könnten sie ihre Attraktivität behalten.[73] Nach irischer Weisheit steht am Ursprung dieser Lebensenergie das Feuer der Sehnsucht.

Für Wolfsohn hatten dieses Feuer und die Hingabe eine besondere Bedeutung, gerade im Alter. Bei der Stimme gehe es um das gelebte Leben. »Wenn wir alt werden, haben wir nur eines zu bereuen, dass wir uns nicht genug hingegeben haben.«[74]

»Mögen all deine Ängste vor dem Alter dahinschwinden wie Eis in der Sonne.« »Mögest Du in dir selbst unendliche Liebe zu Dir selbst entdecken«.[75] Diese irischen Segenssprüche geben alten Menschen Kraft, auch für ihre Stimme.

Was ist die Stimme?

Ich habe hier keine endgültige Antwort, stelle aber gerne meine Schlussfolgerungen in Form eines Modelles zur Diskussion. Es handelt sich um eine Abstraktion aus Überlegungen und Erfahrungen.

Wie der Atem ist auch die Stimme Teil des natürlichen Wesenskerns, der Lebensenergie. Diese ist vital (Körper) und geistig (Psyche, Fokus). Die Gefühle gehören zu diesem Kern. Sie stehen für psychische Erfahrungen wie Angst, Eifersucht, Freude, Liebe oder Mitleid.[76]

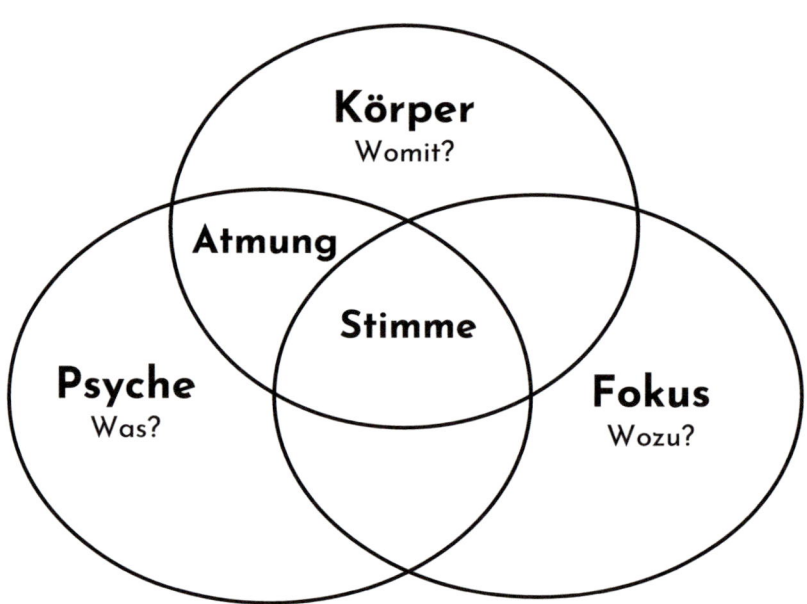

Nach meiner Einschätzung sind bei Stimme jederzeit drei Dimensionen gegenwärtig: der Körper (das Womit), die Psyche (das Was) und der Fokus (das Wozu). Ich spreche deshalb von einem *Nexus*, einem Gefüge.

Dies gilt zu einem grossen Teil auch für die Atmung, ohne die es kein Leben und keine Stimme gibt. Diese lässt sich mit Techniken wie *Pranayama* zwar auch kontrollieren, doch spielt der »Fokus« nur am Rande mit.

Jonathan Hart, der Sohn von Roy Hart, spricht vom intimen Raum zwischen Atem und Stimme. Stimme mache man nicht, sondern sie entstehe in diesem Raum.[77] Sie sei nach ihm ein sanfter Teil des Körpers. Was immer man fühle, die Stimme werde folgen. Die Stimme besitze eine eigene Intelligenz, der man folgen könne.

Der Körper ist wichtig. Sowohl bei der Atmung als auch bei der Stimme werden über 1000 Muskeln aktiviert. Da sich grosse Teile der Lungenmasse im hinteren Bereich des Torsos befinden, verdient auch der Rücken in der Stimmarbeit grosse Beachtung. Der Kehlkopf mit den Stimmbändern ist ein zentrales Organ. Die Resonanzkörper im Schädel sind Voraussetzung für den Klang der Stimme. Verspannungen im Körper behindern die Stimme.

Die Psyche ist der Ort des menschlichen Fühlens und Denkens. Im kognitiven Bereich (Denken, Gedächtnis) geht es um die Frage, was sich im Laufe des Lebens ins Bewusstsein eingeprägt hat. Unsere Vorstellungen entscheiden, was wir uns zutrauen. Seit Sigmund Freud (1856–1939) wissen wir aber, dass uns nur ein kleiner Teil der Psyche bewusst ist. Das Unbewusste ist dauernd präsent, sowohl in der Kultur, im Kollektiv (z. B. Archetypen) als auch im Individuum.

Die dritte Dimension nenne ich »Fokus«. Die Stimme steht jederzeit in einer Beziehung zu den Motiven und Zielen, für die wir sie einsetzen. Der Fokus wandelt sich, je nach Situation. Er steht in einem Bezug zum Ego. Wenn Sie auf einer Bühne stehen, wollen Sie das Publikum berühren. In der Wut geht es Ihnen darum, Ihren Argumenten mit der Stimme Nachdruck zu verschaffen. Wenn Sie ein Kind beim Einschlafen begleiten, versuchen Sie, leise und sanfte Töne anzuschlagen. Bei Absichtslosigkeit lassen sie los.

Aufmerksamkeit und Spannung sind Merkmale des Fokus. Für Wolfsohn waren sie zentral für die Qualität der Stimme. Zum Fokus gehört auch der Entscheid, ob Sie die Aufmerksamkeit nach innen (geschlossene Augen) oder nach aussen (offene Augen, gar auf einen Punkt fokussiert) richten. Dies beeinflusst Ihre Stimme unmittelbar.

Paul Newham schildert treffend, dass die Stimme auch das Mittel ist, mit dem wir uns innerhalb einer sozialen Ordnung unsere Rechte sichern.[78] Er spricht von einer politischen Dimension.

Reflexion 2

Stehen Sie ruhig. Kreisen Sie jetzt langsam um Ihre Achse. Sobald Sie aus der Balance fallen, stellt sich ein Stimmimpuls ein.

Machen Sie diese Übung mehrere Male und versuchen Sie, den feinen Unterschied zwischen »Stimme machen« und »Stimme zulassen« zu spüren.

Stehen Sie und fühlen Sie sich als Cowboy.

Sie ziehen mit »Hopp« oder »Ha« mit beiden Händen imaginäre Colts und lassen sich dabei mit einer leichten Beckenbewegung in die Knie fallen. Sie können dabei den Stimmimpuls spüren.

Fokussieren Sie beim Singen mit Ihren Augen einen Punkt. Beobachten Sie, wie sich das auf Ihre Stimme auswirkt.

Was blockiert die Stimme?

Schon in frühen Jahren entwickeln wir Körper- und Charakterpanzer. Diese setzen der Stimme Grenzen. Sie entstehen zum Beispiel, wenn Sie auf Ablehnung stossen. Sie dürfen nicht die Person sein, die Sie wirklich sind oder sein wollen. Neben diesen Panzern gibt es akute Blockaden, die bestimmten Lebensumständen zugeschrieben werden können.

Worum geht es?

Alfred Wolfsohn war überzeugt, dass jede Person ein hohes und tiefes C singen kann. Es sei die Angst, die uns daran hindere, den vollen Stimmumfang zu erreichen.[79] Sie blockiere. Naturvölker hätten oft noch einen direkten und wenig angstbeladenen Bezug zur Stimme.

Zum besseren Verständnis solcher Blockaden sind die Arbeiten des Psychologen Wilhelm Reich (1897–1957) von grossem Wert.[80] Er interessierte sich für die Widerstände gegen das freie Fliessen der Lebensenergie. Der Mensch habe eine tiefliegende Angst vor Lebendigkeit und Vergnügen. Er erklärte diese mit Angst vor Kontrollverlust, zum Beispiel im Orgasmus. Diese wirke sich direkt auf die Stimme aus.

Daneben gibt es Blockaden, die nicht im Menschen angelegt sind, sondern durch Situationen und Lebensbedingungen geschaffen werden. Man spricht von akuten Blockaden.

Auch Gesangsunterricht kann zur Blockade werden. Wolfsohn machte diese Erfahrung. Im frühen 20. Jahrhundert war der Unterricht noch auf den Kehlkopfverschluss ausgerichtet. »Im Kampf zwischen meinem Kehlkopf und mir gab jener als der Klügere nach, indem er darauf verzichtete, andere als starke Laute auszustossen und durch passive Resistenz, in Heiserkeit ausgedrückt, mich darauf aufmerksam zu machen, dass es so nicht weiterginge.«[81]

Abb. 16:
Wilhelm Reich

Heiserkeit und Räuspern blieben für Wolfsohn wichtige Hinweise auf tieferliegende Blockaden. Sie waren für ihn Ausgangspunkt für die Erforschung der Stimme.

Charakter- und Körperpanzer

Nach Reich ist der Mensch gezwungen, sich in den vielfältigen Konflikten zwischen Instinkt, Moral, Ego und Aussenwelt mit Panzern zu schützen.[82] Diese richteten sich sowohl gegen die Instinkte (das Innere) als auch gegen die Aussenwelt. Sie führten unausweichlich zu einer Begrenzung der Fähigkeit zu leben.

Ängste, insbesondere auch die Furcht vor überwältigender Erfüllung und Freude, seien in Körper und Psyche eingefroren. Die Muskeln ziehen sich zusammen, temporär oder chronisch. Schmerzen entstehen in der Regel dort, wo man in einen Zustand der Verspannung und Anspannung fällt und die Energie nicht mehr fliesst.

Bernhard Senf[83] stellte die Entstehung dieser Panzer in einem Modell dar. Im Extremfall bildeten sich Mauern zwischen dem Individuum und dem Leben. Diese könnten Menschen in die Einsamkeit treiben.

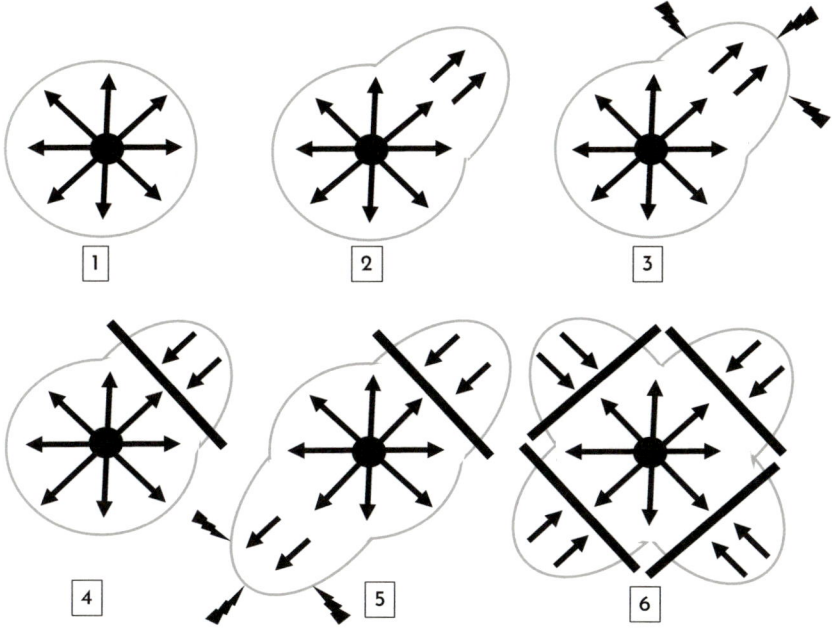

Abb. 17:
Entwicklung
der Panzer[84]

Der Prozess durchläuft nach Senf folgende Phasen:

1. Das Kind komme mit der inneren Lebensenergie, die spontane Erregungen auslöst, auf die Welt. Es sei emotional nach allen Seiten offen.

2. Nach einigen Monaten richte es seine Energie nach aussen auf Menschen oder Objekte.

47

3. Werden diese Impulse zurückgewiesen, bestraft oder stossen sie ins Leere, beginne das Kind, sich gegen den mit der Ablehnung verbundenen Schmerz zu schützen. Es halte den inneren Impuls zurück und verdränge den Konflikt.

4. Das brauche Energie. Diese richte sich gegen die innere Energiequelle. So bilde sich eine Stauung. Das Zurückhalten der inneren Impulse brauche eine permanente Energiezufuhr.

5. Was als Schutz gegen schmerzhafte Erfahrungen einmal seinen Sinn hatte, werde chronisch. Es wirke auch dann noch fort, wenn es längst seinen Sinn verloren hat. Der Stauungsdruck könne irgendwann so gross werden, dass es zu einer Entladung kommt, zum Beispiel als blinde Aggression.

6. Die Verdrängung ziehe eine Kette weiterer Verdrängungen nach sich. Das Ergebnis sei ein Charakterpanzer.

Wilhelm Reich verglich diese Körper- und Charakterpanzer mit einem Stellungskrieg zwischen einer (inneren) Befreiungsbewegung und einem Herrschaftsapparat. Solange die Energie auf beiden Seiten gleich gross ist, herrsche Ruhe. Der Mensch sei – oder wirke – ausgeglichen. Lust (von innen) und Angst (Abwehr) seien zwar gegensätzliche Gefühle. Die Energie, die ihnen zu Grunde liegt, sei aber nahezu identisch. Bei Lust ströme die Energie frei, bei Angst sei sie blockiert.

Wo die Panzer sitzen

Nach Reich sind die Panzer im Körper in horizontalen Segmenten angeordnet. Da die Erregungswellen im Körper vertikal fliessen, blockierten diese Segmente den Energiefluss. Diese Betrachtung ist für die Stimmarbeit sehr hilfreich.

Wilhelm Reich unterschied folgende Segmente: die Augenpartie, den Mundbereich, das Halssegment mit Kehle und Nacken, das Brustsegment mit Brustkorb und Armen, das Zwerchfellsegment (Muskulatur über dem Bauchraum), das Bauchsegment (Vorder- und Rückseite) und das Beckensegment, einschliesslich der Beine.[85]

Bei mir beobachte ich beim Singen Verspannungen im Nacken- und Schulterbereich. Sobald mir diese bewusst werden und ich mich entspanne, wirkt sich das direkt auf das Volumen meiner Stimme aus. Anderen fällt es schwer, den Mund aufzumachen, da sie dort verspannt sind. Das beobachte ich vor allem bei Menschen, die viel »auf die Zähne beissen« mussten.

Ungelöste emotionale Konflikte, vor allem aus der Kindheit, zeigen sich in chronischen Verspannungen. Diese grenzen die Beweglichkeit, die Atmung, die Gefühle und die Stimme ein.[86] Redewendungen zeigen den Bezug zu den Körpersegmenten. Die Angst sitzt im Nacken. Etwas geht an die Nieren oder bleibt im Hals stecken. Im Kern geht es um die Blockierung von Gefühlen. Diese sind Teil der Lebensenergie. Emotionen sind Reaktionen auf diese Gefühle und können Teil des Charakterpanzers werden.

Verspannungen zeigen sich meist am deutlichsten in der Atmung. Je mehr wir versuchen, sie zu kontrollieren, desto weniger Kontrolle haben wir über sie. Wenn Menschen hörbar nach Luft ringen, ist das ein klares Zeichen, dass sie verspannt sind. Die Muskulatur von Hals und Oberkörper braucht dringend Erlaubnis, sich zu weiten. Eine stockende Atmung ist ein deutlicher Hinweis auf blockierte Gefühle.

Versteifungen im Becken haben eine besondere Bedeutung für die Stimme. Normalerweise gibt es beim Einatmen im Becken eine kleine Rückwärts-, beim Ausatmen eine Vorwärtsbewegung. Reich nannte diese wellenartige Bewegung den Orgasmus-Reflex.[87] Wenn das Becken in einer Stellung eingeschlossen ist, dann ist dieser Reflex blockiert. Dies wirkt sich auf Atmung und Stimme aus.

Schocks, Traumata

Traumatische Erlebnisse aus Kriegen, Naturkatastrophen oder Unfällen können zu Blockaden in Bewegung, Stimme und Atmung führen, die meist auch nach Jahren noch sicht- und hörbar sind. Sie können tief im Körper sitzen und sind schwer zu lösen. Sie betreffen auch das akkustische Gedächtnis.

Alexander Lowen (1910–2008) beschrieb Panik als die Unfähigkeit zu atmen im Angesicht grosser Furcht.[88] Bei Todesgefahr stellten wir uns tot. Der Körper gefriere, der Atem werde angehalten. Alle Bewegungen würden gestoppt. Das sei eine natürliche Reaktion bei grosser Gefahr, die man auch bei Tieren beobachte. Die Gefühle seien blockiert.

Abb. 18:
Schockstarre

Hier lohnt sich auch der Blick auf Angriffs- und Fluchtreflexe. Sie entwickeln ihr Drama im Beckenbereich und haben einen direkten Bezug zum Lenden-Darmbein-Muskel, dem PSOAS. Dieser Muskel reguliert das Zwerchfell und ist für die Atmung und damit die Stimme zentral. Die

Reflexe lassen sich bei Tieren gut beobachten. Bei Gefahr verharren sie in einer Ambivalenz zwischen Starre und Wegrennen. Wenn sie aus der Starre gehen, schütteln sie sich, was diesen Muskel lockert.

Im Gegensatz zu Tieren stecken Menschen Schocks nicht über ein Schütteln, sondern häufig über Rationalisierungen weg. Das Ereignis bleibt dann förmlich im Körper stecken, als Verkrampfung. Wenn diese den PSOAS betrifft, kann das die Atmung und die Stimme nachhaltig behindern. Solche Blockaden aufzulösen, kann ein langwieriger Prozess sein.

Ein anderer Problembereich ist der Kiefermuskel. Der Muskel ist stark und für das Überleben wichtig. Bei Schmerz oder grosser Gefahr geht es darum, die Zähne zusammen zu beissen. Ich kenne das vor allem aus meiner Arbeit mit Menschen, die auf einer Flucht grossen Gefahren ausgesetzt waren. Bei Problemen oder dem Aufkommen von Wut oder Aggression verspannt sich der Kiefer.

Atmung und Stimme beginnen zu fliessen, wenn man den Kiefer locker fallen lässt und damit den Mund für die Atmung öffnet. Die Stimmbänder werden entlastet. Verkrampfungen sind hier aber relativ häufig und wirken sich auf die Stimme aus.

Wie lösen sich diese Blockaden?

Panzer und andere Blockaden können durch Beobachtung und Selbstwahrnehmung erkannt und mit Geduld gelöst werden. Sie zeigen sich bereits im Körper, im Gesicht oder in der Atmung. Massage, Schüttel-Meditationen, Spiele und Lachen helfen.

Der Blick auf die Atmung hilft, positive Veränderungen wahrzunehmen. Sobald die Atmung im Körper vertieft wird, ist das ein Hinweis, dass Verspannungen gelöst, Gefühle befreit und neue Prozesse ausgelöst werden. Die Lösung von Verspannungen äussert sich auch in einem Kribbeln in Beinen oder Armen.

Wenn es gelingt, Blockaden zu lösen und die Energie wieder frei strömen zu lassen, wird das als Lust erlebt. Es werden tiefere Gefühle frei. Dies zeige sich nach Reich spontan an inneren Erregungswellen.[89] Catherine Fitzmaurice interessiert sich vor allem für die Stimmimpulse. Sie beobachtet anhand dieser Impulse, wie ihre Schüler*innen Energie kontrollieren oder zurückhalten. Momente des Chaos (z.B. Zitteranfälle) seien wichtige Wendepunkte in der Befreiung der Stimme.[90]

Der Fähigkeit zu geniessen Raum zu geben, ist ein zentraler Punkt in der Stimmarbeit. Im Idealfall kann ein Mensch die Stimme frei fliessen lassen. Ein gesundes Individuum hat keine Grenzen. Die Energie ist nicht gebunden in muskulären Panzern. Sie steht deshalb zur Verfügung für sexuelles Vergnügen oder andere Formen des kreativen Ausdrucks.[91]

Paul J. Moses (1897–1965) formulierte es noch radikaler.[92] Die Produktion von Tönen gehe immer einher mit wohlfühlenden Körperempfindungen. Das Wohlbefinden brauche Raum. »Stimme machen« mittels Kraft oder Anstrengung sei der falsche Weg. Eine geschärfte Wahrnehmung, was gut tut und Wohlbefinden auslöst, sei der ideale Ausgangspunkt für die Befreiung der Stimme.

Akute Blockaden

Damit bezeichne ich Blockaden, die sozialpsychologisch angelegt sind und etwas mit der Lebensweise oder dem sozialen Umfeld zu tun haben. Sie sind uns oft bewusster als die oben besprochenen Blockaden. Es fällt uns einfacher, sie zu benennen und sie damit zu beseitigen.

Ein gutes Beispiel ist Stress. Er ist in Leistungsgesellschaften weit verbreitet. Es geht nicht nur um den äusseren Druck, sondern auch um den Druck, den man sich selber macht. Reize und Gedanken belasten uns, Perfektionismus ebenso. Stress wirkt sich biochemisch aus. Es kommt zu einer Ausschüttung von Stresshormonen. Körperliche Verspannungen können eine direkte Folge sein.

Der Sozialpsychologe Hans-Joachim Maaz spricht von der schleichenden Entfremdung von unserer Natur. Wir würden in Rollen gedrängt, die uns letztlich daran hinderten, einen Teil unserer Talente zu entfalten. Das habe oft mit den Lebensumständen, insbesondere auch bei der Arbeit, zu tun.[93]

Abb. 19:
Bitte nicht
zu laut!

Falls Sie in einem Grossraumbüro arbeiten, haben Sie gelernt, die Lautstärke, in der sie sprechen, zu kontrollieren. Da bleibt wenig Raum für spontane Jauchzer oder Wutanfälle. In dem Sie sich – bewusst oder unbewusst – darum sorgen, wie Sie auf andere wirken, manipulieren Sie Ihre Stimme.

Das moderne Leben ist für viele Menschen komplex. Bei Verunsicherungen suchen sie in der Regel Halt in Konzepten und Ideologien, also im Kopf und nicht im Körper. Die Folge ist eine Spaltung von Kopf (Intellekt) und Körper. Das endet meist in einer Sackgasse von Blockaden, die den freien Fluss von Atmung und Stimme behindern.

Routinen und Vorgaben zeigen sich nicht nur in der Stimme, sondern auch in den Bewegungen. Und das wirkt sich wiederum auf die Stimme aus. Wir gewöhnen uns an Grenzen des Erlaubten und Unerlaubten. Wolfsohn verglich die Auswirkungen dieser Prozesse auf unsere Beziehung zur Stimme mit einem Krankheitszustand.[94] Die Natürlichkeit gehe verloren.

Er schreibt: »Der Erwachsene hat es verlernt, den Mund aufzutun, wie es dem natürlichen Zustand entspricht. Er hat es beim Bemühen um Angleichung an seine Mitmenschen verlernt, richtig schreien zu können.« »So kommt es, dass nach dem Verlust der Ursprünglichkeit die Stimme den verschiedensten Verbindungen ausgesetzt ist. Sie knödelt, sie klingt gaumig, hart und spröde, sie ist oftmals tonlos, klingt zerbrochen, nasal oder gequetscht. Hinter diesem Stimmzustand verbirgt sich das Defizit, das der Erwachsene erleidet, wenn er seine Natur nicht gewahrt hat.«[95]

Stimme und Gender

Zu den akuten Blockaden können wir auch die Vorstellung zählen, dass Frauen hohe und Männer tiefe Stimmen haben. Wolfsohn demonstrierte, dass das falsch ist. In Tonaufnahmen seiner Schüler*innen ist nicht erkennbar, ob es sich um Frauen oder Männer handelt.[96]

Er schreibt: »Bei der Ausbildung einer Frauen- und einer Männerstimme habe ich immer wieder dieselbe Erfahrung gemacht, dass sich jede Stimme aus weiblichen und männlichen Elementen zusammensetzt, dass es nur eine Frage der Zeit und Begabung ist, inwieweit die Stimme lernt, beide Elemente zu einer Einheit zusammenzuschmelzen und damit ein Ganzes zu schaffen.«[97]

Gesellschaftliche Veränderungen wirken sich allerdings auf die Stimmlage aus. Stimmforscher*innen haben festgestellt, dass Frauenstimmen im Durchschnitt heute nur noch eine halbe Oktave oberhalb der Männerstimmen liegen. Vor 50 Jahren betrug der Abstand noch eine Oktave.[98]

Die Männerstimmen hätten sich dagegen kaum verändert. Dafür gebe es nur eine plausible Erklärung: Frauen tragen heute in Politik und Wirtschaft mehr Verantwortung, und tiefe Stimmen vermitteln Autorität.

Neue Bedrohungen

Von Natur aus sind Stimmen, die nicht mit Technik beeinflusst sind, individuell, wie ein Fingerabdruck. Bereits heute ist es aber möglich, auch natürliche Stimmen über Sprachsynthese hinsichtlich Emotionen und Tonlagen identisch abzubilden, zu klonen und zu manipulieren.[99]

Das ist besorgniserregend. Stimmen werden dank technischer Hilfsmittel zunehmend zum Werkzeug in Marketing und Propaganda. Sie werden produziert, reproduziert und zur Manipulation, auch in der Politik, eingesetzt. Sie verlieren den Bezug zur Person. Das Authentische, die Autorenschaft, geht verloren.

Bei Stimmrobotern werden Unreinheiten und Scharten ausgemerzt. Das könnte in naher Zukunft zu neuen Schönheitsidealen führen, die uns wiederum unter Druck setzen, wenn wir nicht der Norm entsprechen.

 # Reflexion 3

Atmen sie aus mit einem scharfen »Sss« langsam aus. Dabei strecken sie den Kopf und Hals wie eine Schildkröte nach vorne. Die Schultern bleiben in der ursprünglichen Position, hinten.

Nun ziehen Sie den Kopf mit einem »Aaa« langsam zurück in den imaginären Schildkrötenpanzer. Die Schultern bewegen sich gleichzeitig langsam nach vorne.

Beobachten Sie, ob diese Bewegung durch einen Muskelpanzer im Brustbereich (die stolze Brust) beeinträchtigt wird.

Versuchen Sie, diesen Panzer aufzuweichen, indem sie diese Übung mehrmals wiederholen. Sie können dabei auch die Hand auf das Herz liegen.

Legen Sie sich auf den Rücken und winkeln Sie die Beine an. Legen Sie die beiden Zeigfinger in den Bereich der Leiste, am Beinansatz.

Atmen Sie nun aus, bis ans Ende. Sie spüren, wie sich der Muskel im Lendenbereich anspannt. Es handelt sich um den Lenden-Darmbein-Muskel (PSOAS), der Atmung und Beckenbewegungen kontrolliert. Dieser kann nach schweren Schock-Erlebnissen verspannt sein.

Bei der Einatmung sollte sich der PSOAS entspannen.

Die Stimme erforschen

Bei der Erkundung der Möglichkeiten der Stimme begeben wir uns in Neuland. Wir suchen in extremen Höhen und Tiefen, in brüchigen Bereichen in mittleren Stimmlagen und über neue Formen und Intensitäten des Ausdrucks. Die wichtigsten Ressourcen für diesen Prozess sind Neugier und Forschergeist.

Bereitschaft

Alfred Wolfsohn war überzeugt, dass in jedem Menschen ein Ikarus steckt[100]. Er glaubte, dass es primär die Angst sei, die uns daran hindere, Extreme im Stimmumfang zu wagen und zu erreichen.[101] Er folgerte: »Vertrauten die Menschen mehr auf ihre Fähigkeiten, wären sie freier.«[102]

Hinter der Angst verbirgt sich meist Sehnsucht nach Abenteuer, nach Grenzerfahrungen. Dies gilt auch für die Stimme. Die Lust wächst, je mehr Facetten Sie in Ihrer Stimme entdecken. Über diese Art von Stimmarbeit werden Sie rasch und spielerisch mit verbotenen oder vernachlässigten Seiten Ihrer Persönlichkeit konfrontiert.

Ich erlebte dies in einem Kurs am RHT. Ich wurde gebeten, mit voller Stimmkraft einen jungen Mann anzuschreien: »*get out!*«, »raus hier!«. Mein Gegenüber hatte die gleiche Aufgabe. Wir schrien bis an die Grenzen unserer körperlichen Möglichkeiten. Plötzlich realisierte ich, dass meine Stimme ohne jede Kraftanstrengung quasi aus mir herausschrie.

Es stellten sich überraschende Stimm-Phänomene wie Doppelstimmen ein. Das neue Körper- und Stimmgefühl beflügelte die Fantasie. Meinem Gegenüber erging es ebenso. Wir verwandelten uns in wilde Tiere. Dieser Moment höchster Kreativität dauerte bis zu unserer Erschöpfung.

Abb. 20:
*Stimme ausloten
mit Kaya Anderson
(ca. 1985)*

Alfred Wolfsohn unterschied nicht zwischen Therapie und Stimmarbeit. Letztere begann für ihn bereits im belanglosen Gespräch über Erlebnisse am Wochenende.[103] Er stellte das Individuum und die Bedürfnisse, die sich im Moment ergaben, ins Zentrum. Während es manchen Männern schon schwerfällt, in die Kopfstimme zu wechseln, haben andere Mühe, sich mit Bruchstellen, die auf Verletzungen hindeuten, zu beschäftigen. »In sich gehen« bedeutete für ihn, sich seinen Abgründen zu stellen, sich nicht zufrieden zu geben mit der Existenz eines Egos, auf das man sich im Laufe seines Lebens festgelegt habe.[104]

Mit zunehmender Erfahrung in der Stimmarbeit erweitert sich das Spektrum der Möglichkeiten, die man sich vorstellen kann. Ich rate zu

Beharrlichkeit, an einem Thema dranzubleiben. Erst dann öffnen sich Tore zu neuen Bereichen. Die Versuchung bleibt gross, auf Neues auszuweichen.

Das Wechseln von der Sing- in die Sprechstimme kann die Stimmarbeit bereichern. Es geht um das Gleiche, die Stimme. Das öffnet neue Möglichkeiten für die Stimmarbeit, in alle Richtungen. Singen, im umfassenden Sinne, ist das Gleiche wie Sprechen, ausser dass die Vokaltöne länger ausgehalten werden.[105]

Hingabe und Stimme zulassen

Wir sind in unserer Kultur stark auf das »Machen« fokussiert. Das gilt auch für die Stimme. Die Vorstellung, dass es weniger um das »Machen« als um das »Zulassen« der Stimme geht, ist vielen fremd.[106] Die Fähigkeit, loszulassen und den Moment zu geniessen, ist wichtig.

Alfred Wolfsohn sprach von einem bewussten Entscheid, sich von dem unbändigen Willen, mit aller Kraft ein Ziel zu erreichen, frei zu machen. Oft gibt es in diesen Prozessen eine Art Kipp-Punkt, an dem man von der Stimme überrascht wird und diese nicht mehr mit dem Willen steuert.

Wilhelm Reich prägte den Begriff der »biopsychischen Beweglichkeit«.[107] Es gehe darum, mehr Bewegung in den Körper, die Atmung und in die Stimme zu bringen. Die Gefühle sollten frei fliessen.[108] Wenn das Fliessen leicht und rhythmisch sei, dann werde dieser Zustand zu einem Vergnügen, sowohl für die sprechende oder singende Person als auch für die Zuhörerschaft.

Sitzen blockiert, Bewegungen und Körperarbeit unterstützen. Rollen sie langsam über den Boden. Sie werden erleben, wie sich mit jeder Bewegung und Drehung neue Stimmbereiche erschliessen. In der Massage entdeckt man die Stimme unter den Schulterblättern. Im Aufstehen vom Boden spürt man die Stimme aus dem Becken.

Alexander Lowen glaubte, dass Energieflüsse, die sich direkt auf die Stimme auswirken, Körperregionen zugeordnet werden können.[109] Ärger fliesse in der Regel im Rücken aufwärts, Furcht nach unten. Freude hingegen fliesse in der Brust nach oben, Trauer vorne abwärts. Versuchen Sie, solche Energieflüsse wahrzunehmen.

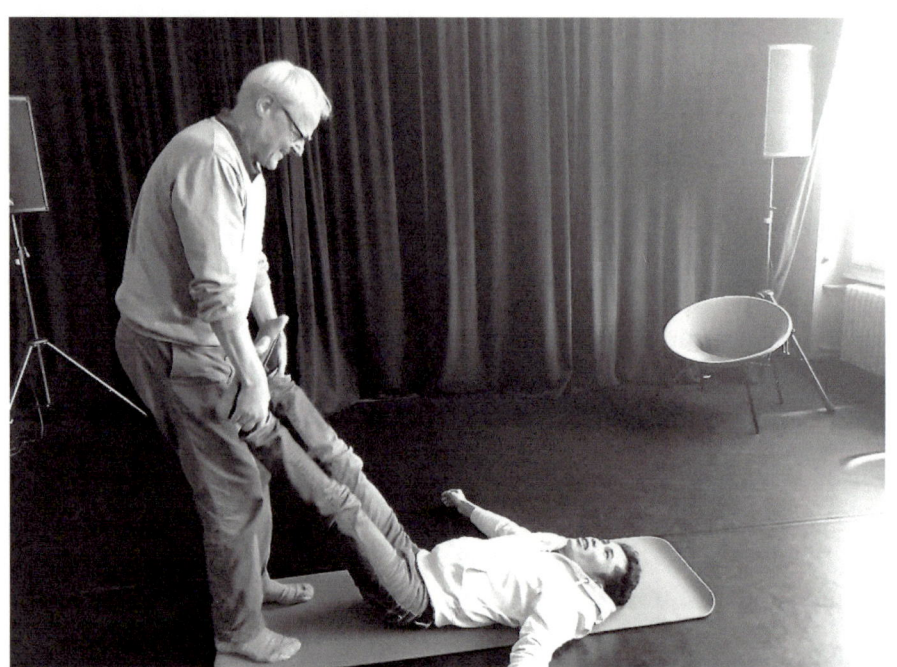

Abb. 21:
Becken lockern
und Stimme
zulassen

Wo sich tiefe Verspannungen und Blockaden lösen, führe das in der Regel zu Erregungen.[110] Beispiele sind Frösteln, Nervosität, Müdigkeit, Ärger oder Lampenfieber. Bekannt seien auch: Ängstlichkeit, Hass oder sexuelle Erregung. Sie entziehen sich in der Regel der Kontrolle durch die Gedanken und haben eine Eigendynamik.

Solche Momente der inneren Erregung können in der Stimmarbeit Wendepunkte darstellen. Für Fitzmaurice war insbesondere das Gefühl der Ängstlichkeit ein Ausgangspunkt für die Transformation und Entwicklung der Stimme. Reich benutzte ähnliche Bilder. Sowohl die Expansion (Lust) als auch das Zusammenziehen (Angst) führen nach ihm zu einem Gefühl des Behagens.[111]

Wenn sich die Energie durch die Muskulatur auflädt, kommt es zu Bewegungen, die wir mit Aggression in Verbindung bringen. Wenn sich hingegen die sanften Strukturen wie Blut und Haut aufladen, erleben wir erotische und zärtliche Empfindungen. Beide sind für die Stimme wichtig.

Extreme Höhen und Tiefen

Das Überschreiten von Grenzen – Höhen, Tiefen oder Lautstärken – ist eine der Merkmale der Stimmarbeit, die am RHT gelehrt wird. Auch wenn wir den Eindruck haben, an absolute Grenzen zu stossen, geht es meist noch mehrere Schritte weiter. Loslassen, innere Bilder oder Bewegungen helfen.

Wolfsohn's Schüler*innen erlangten gewaltige Stimmumfänge von 6–8 Oktaven. Sie liessen die Komfortzone weit hinter sich. In Singstunden am RHT habe ich folgendes erlebt: Je mehr ich in der Höhe zulassen konnte, desto grössere Tiefen erreichte ich, oft erst am folgenden Tag. Und je mehr ich in der Tiefe locker und über lange Zeit verweilte, desto mehr Höhe wurde mir später möglich. Solche Erweiterungen im Stimmumfang passierten im Idealfall ohne Anstrengung. Es war vielmehr ein entspanntes Zulassen von Tönen, die in mir angelegt schienen. Plötzlich zeigten sich neue Stimmqualitäten. Diese waren mir aus einem tieferen Wissen vertraut.

Imagination hilft: brummende Schiffsmotoren oder das Knurren eines Raubtieres (für tiefe Töne), eine Bohrmaschine, Sirenen und Hexen (für extreme Höhen). Experimentieren mit verschiedenen Körperstellungen oder tiefes Atmen öffnen neue Räume: aufspringen (für hohe Töne), das Anlehnen des unteren Rückens an eine Wand in leichter Kniestellung (für tiefe Töne), die Lockerung der Schulterblätter.

Die Versuchung, nach einem kurzen Schnuppern am Neuen wieder in die Komfortzone zurückzukehren, bleibt gross. Referenztöne am Klavier helfen, auf Kurs zu bleiben. Sie geben Orientierung, definieren den Rahmen. Zu erleben, dass der Stimmumfang viel grösser ist, als man sich das je vorstellen konnte, belebt und befreit.

Die Radikalität, mit der Wolfsohn seine Schüler*innen aufforderte, Grenzen zu überschreiten, weckte Befürchtungen, dass der Stimme Schaden zugefügt wird. Die Stimmen wurden 1954 an der Otolaryngologischen Klinik der Universität Zürich untersucht. Die Forschenden konnten einen Stimmumfang von beinahe sechs Oktaven nachweisen und stellten keine Schäden an den Stimmbändern fest.

Es folgten weitere Untersuchungen an der Technischen Universität Berlin und der Stanford Universität in Kalifornien. Fritz Winkel, der die Stimmbänder von Roy Hart untersuchte, kam zum Schluss, dass Wolfsohn's Ansatz eine Standardmethode im Stimmtraining werden sollte.[112]

Stimme der Hölle

Noah Pikes, RHT-Lehrer der Gründergeneration, spricht von *The whole voice*, der Ganzen Stimme.[113] Zu jeder Stimme, zu jedem Ausdruck gibt es auch immer ein Gegenteil. Es gibt die helle und die dunkle Stimme, die scharfe und die weiche. Die Pole lassen sich nach Pikes mit Vorstellungen über Archetypen verbinden.

Bei der Erforschung der Stimme gehe es darum, immer wieder auch den Gegenpol zu suchen. Pikes beruft sich dabei auf den Psychologen Carl Gustav Jung (1875–1961), der die Bedeutung von Gegensätzen für die Psyche betonte. Der Ansatz ist für die Stimmarbeit spannend. Wolfsohn schrieb: »Die Stimme lebt davon, dass sie den Kreis vom höchsten Schmerz bis zur tiefsten Freude in allen Schattierungen umreisst.«[114]

Noah Pikes beschrieb sein Konzept 1994 in einem Artikel »Der Hölle eine Stimme geben« in einer Fachzeitschrift für Psychologie.[115] Die Kirchen seien voll von Engeln. Alle suchten deshalb nach der Engelsstimme. Beim Singen Hölle und Chaos zuzulassen, öffne Tore in neue Stimmlandschaften.

Ebenfalls auf das Ganze ausgerichtet ist die Idee des »Stimmfeldes«, das der RHT-Lehrer Ralf Peters entwickelte.[116] Es werde durch Stimmlage, Volumen, Artikulation, Flexibilität, Atmung, Stimmfarbe und Freiheit abgesteckt. Ziel sei eine möglichst freie Bewegung auf diesem Feld.

Abb. 22:
Enrique Pardo
im Stück
»Pan« (1982)

Körperstimmen

Je mehr man sich mit dem Thema der Stimme beschäftigt, desto mehr kommt man zur Überzeugung, dass sich das Kraftzentrum der Stimme im Körper befindet. Ein Grossteil des Lungenvolumens befindet sich im Rücken. Töne werden auch durch weisse Muskelfasern (Faszien) transportiert. Die Stimme verändert sich mit Bewegungen und Postitionen.

Der Stimmforscher Michael Fuchs von der Universität Leipzig[117] untersuchte das Zusammenspiel von Organ- und Muskelsystemen beim Gebrauch der Stimme. Nach ihm ist die Stimme untrennbar verknüpft mit Funktionen des Körpers. Sie wird von allen Bewegungen und Haltungen des Körpers beeinflusst.

Die Zuwendung zum Körper ist deshalb ein guter Weg, die Stimme kennenzulernen. Bereits wenn Sie die Arme leicht heben, beeinflusst das die Atmung. Mit den »Flügeln« können sie den Atem beleben. Sie sind »im Atem«. Aus der Atmung wird Stimme. Ihr Körper wird zu Stimme.

Augen und Gesichtsmuskulatur haben einen direkten Einfluss auf die Stimme. Weit geöffnete Augen erhöhen die Spannung der Oberlippe, der Fokus auf einen Punkt die Spannung. Dies öffnet Resonanzräume.

Unsere Stimmen verändern sich, wenn wir versuchen, aus unterschiedlichen Körperteilen heraus zu singen oder zu sprechen. Beispiele sind: eine Melodie aus dem Becken heraus singen; in Gedanken einen schweren Rucksack am Rücken tragen und das Lied aus dieser Haltung heraus singen.

Der Berner Jazzsänger Andreas Schaerer entwickelt die Stimme in tonale, perkussive oder instrumentale Richtungen. Er bezeichnet seinen Körper als das Instrument, mit dem er tönt. Der Atem sei der Bogen, die Stimmbänder die Saiten und die Körperteile die Resonanzräume seines Instrumentes, der Stimme.[118]

Klangfarben

Für das Experimentieren mit der Klangfarbe, dem Timbre, ist die Vorstellung der *Chakren* hilfreich.[119] Der Begriff bedeutet Rad (in Sanskrit). Er bezieht sich auf die Energiewirbel, die unser elektromagnetisches Feld durchdringen. Vielleicht spielt Auto-Suggestion[120] mit, doch ist der Begriff in der Medizin anerkannt. Sie bezieht ihn auf Energiebahnen, die in der Akupunktur und der chinesischen Medizin wichtig sind.[121]

Nach meiner Erfahrung macht es Sinn, jedem *Chakra* einen Vokal zuzuordnen. Der Vergleich mit den Klangfarben, die Wolfsohn seinen Schüler*innen lehrte, ist naheliegend: Bassgeige (tief, dunkel), Cello (sonor), Viola (Mittellage) und Violine (hoch, zuweilen schrill). Der Bezug zu den in Körpersegmenten angeordneten Blockaden, die Reich identifizierte, ist offensichtlich.[123]

Das Wurzel-*Chakra* (Vokal: »U«) ist zentral für die Stimme. Hier geht es um die Instinkte von Flucht, Angriff und Todesangst, um das Zurückhalten und das Loslassen. Als Assoziation kann man sich vorstellen, auf einem langen Känguru-Schwanz zu sitzen.[124] Man kann sich auch als Neandertaler*in fühlen, der tiefe Urlaute aus dem Unterleib grunzt.

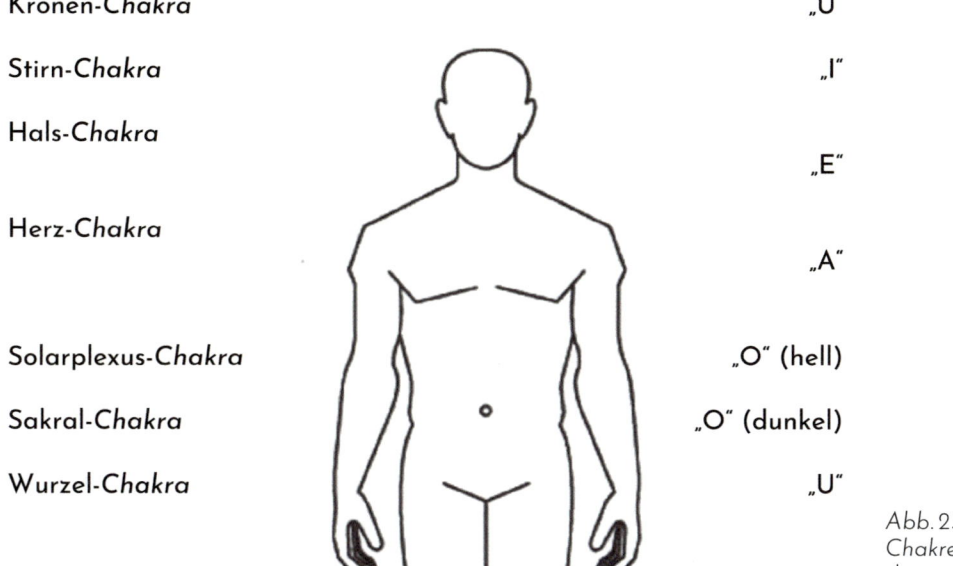

Kronen-*Chakra*	„Ü"
Stirn-*Chakra*	„I"
Hals-*Chakra*	
	„E"
Herz-*Chakra*	
	„A"
Solarplexus-*Chakra*	„O" (hell)
Sakral-*Chakra*	„O" (dunkel)
Wurzel-*Chakra*	„U"

Abb. 23:
Chakren und die
dazu passenden
Vokale[122]

Das Sakral-*Chakra* (Becken, dunkles »O«) wird in vielen Kulturen dem Prinzen der Dunkelheit, dem Teufel, zugeordnet. Es geht um sexuelle Versuchung, Wohlbefinden und Vergnügen. Eine Hingabe an diese Ebene ist unter Umständen gefährlich. Sie könnte zu einem Orgasmus führen, in dem das Ego für einen Moment aufgelöst wird. Assoziationen für die Stimmarbeit mit diesem *Chakra* sind Wörter wie »Marilyn Monroe« oder das Lied *Love me tender* von Elvis Presley.

Das Solarplexus-*Chakra* (Nabel, helles »O«) befindet sich direkt unterhalb des Zwerchfells. Es geht um das Gewinnen und die Verführung. Gute Assoziationen sind italienische Wörter und Lieder wie *Mamma mia* oder *O sole mio*. Die Empfehlung ist, aus der Sonne heraus zu singen und zu verführen.

Das Herz-*Chakra* (helles »A«) wird durch das Reiben der Thymusdrüse beim Brustbein angeregt. Es geht um das offene (weit in den Raum gesungen, mit stolzer Brust) und das gebrochene Herz (zerbrechlich, gehaucht). Assoziationen für die Stimmarbeit sind Satzfragmente wie »*Open my heart*«. Eine zu stolze Brust kann die warmen Töne blockieren.

Das Hals-*Chakra* (helles »E«) ist der Bereich der Kommunikation, des Empfangens, der Kreativität. Es gilt, den Hals zu öffnen und die Stimme nicht zu drücken oder zu pressen. Eine kurze Einatmung mit weit geöffnetem Mund entlastet die Stimmbänder.

Beim Stirn-*Chakra* (klares »I«) spricht man zuweilen auch von Intuition oder dem dritten Auge. Die zahlreichen Resonanzräume, die der Schädel bietet, werden aktiviert und erkundet. Es geht auch um Intellekt und Macht. Als Assoziation kann man sich in eine Hexe verwandeln, die andere dominieren will. Die Imitation von Vogelstimmen hilft ebenfalls.

Das Kronen-*Chakra* (über dem Kopf, helles »Ü«) ist der Bereich des kosmischen Bewusstseins, der göttlichen Einheit. Hier erlebt man die Einheit von Stimme, Person, Raum, Geschichte und Zuhörerschaft.

Klang- und Stimmlandschaften

Nach dem Hirnforscher Gerald Hüther wird unser Denken, Fühlen und Handeln von inneren Bildern bestimmt.[125] Diese sind Vorstellungen, die wir in uns tragen. Wir brauchen sie, um Handlungen zu planen, Herausforderungen anzunehmen und auf Bedrohungen zu reagieren. Sie haben auch mit real Erlebtem zu tun.

Fantasie, Vorstellungskraft und die Fähigkeit, innere Bilder zu aktivieren, sind von grosser Bedeutung in der Stimmarbeit. Aus erlebten Klanglandschaften werden Stimmlandschaften, die man gestaltet. Es geht dabei nicht nur um Vokale, Konsonanten, Texte oder Melodien, sondern auch um Geräusche. Fantasie und eine Portion Spielfreude helfen, in neue Welten einzutauchen.

Da ich lange in fremden Kulturen gelebt habe, fällt es mir leicht, an innere Bilder anzuknüpfen. Ich benutze dazu »das innere Ohr«. Klanglandschaften, die ich während meiner langen Tätigkeit in Lateinamerika,

Afrika und Asien erlebte, berühren und inspirieren mich. Ein Beispiel ist die Morgenstimmung in Urwäldern des Amazonas mit den vielfältigen Vogelstimmen.

Abb. 24:
Der Amazonas,
eine einzigartige
Klanglandschaft

Tiere stehen uns nahe. Die Nachahmung von Tierlauten ist deshalb ein guter Einstieg in neue Stimmlandschaften. Man kann hier an archaische Klangwelten anknüpfen, die sich beliebig weiterentwickeln lassen: knurren bei Bedrohungen, schnurren bei Wohlbefinden oder Vogelstimmen. Die Palette ist gross.

Ein anderer Einstieg ist, Stimmlandschaften zu formen. Zum Beispiel kann man etwas Bekanntes, an das man sich gewöhnt hat, einmal anders ertönen lassen. Die Aufforderung, ein Lied einmal falsch, hässlich oder in einer fremden Stimmlage zu singen, kann ganz neue Klangerlebnisse schaffen. Das Verhältnis zum Lied ändert sich.

Auch Texte haben ihren Klang. Sie eignen sich als Ausgangspunkt. Bei Lautgedichten wird der Text nicht vom Inhalt, sondern vom Klang und Rhythmus her erfasst und erlebt. Wir spielen mit den Konsonanten und Vokalen, den Intensitäten, der Tonlage, dem Rhythmus und dem Tempo.

Diese Kunst wurde im Dadaismus vertieft. Die Texte von Dichtern wie Hugo Ball (1886–1927) ergeben keinen Sinn, erzeugen aber im gesprochenen Wort eine Atmosphäre, aus der man etwas erahnen kann.

Der Literaturwissenschaftler Christian Metz[126] ermutigt uns, im Umgang mit dem Klang und Rhythmus von Texten noch mehr zu wagen. Für ihn sind Verse in Gedichten wie Individuen. Ihr Klang sei zuweilen wichtiger als das Bild, das der Inhalt erzeuge. Wir könnten uns dem Klang des gesprochenen Wortes nicht entziehen, dem Sinn und Bild aber schon. Das ist eine Aufforderung, mit Klang- und Stimmlandschaften zu spielen.

Das Tor ist offen

Roy Hart bezeichnete die Stimme als »pure Energie«.[127] Der Ton ströme heraus. Dies könne zum Eindruck führen, ein Stück des Paradieses wiederentdeckt zu haben.

Stimmkünstler*innen zeigen, dass die Möglichkeiten für die Stimme nahezu unbegrenzt sind. Mit der Ausweitung der Stimme lernen Sie, neue Zustände der menschlichen Existenz zu umarmen, auch diejenigen, die Ihnen fremd sind.[128]

Die Stimme wird dabei Ihren Absichten nicht bedingungslos folgen. Mitten in einer Forschungsreise können sich Bruchstellen zeigen, die in neue, vorher unbekannte Bereiche führen. Es lohnt sich, diesen Brüchen besondere Aufmerksamkeit zu schenken.

Diese Arbeit, insbesondere auch mit Stimmlandschaften, kann eine spezielle therapeutische Wirkung entfalten. Über die freie Improvisation mit der Stimme kommt man nahe an die Kraft der Gefühle. Archetypen werden erlebbar.

Reflexion 4

Die hässlichste Stimme, die Ihnen möglich ist.

Singen Sie den höchsten Ton, den Sie wiedergeben können.

Jetzt springen Sie in die Höhe und beobachten, ob Sie noch einige Töne höher singen können.

Wo spüren Sie in Ihrem Körper die Vibrationen bei einem scharfen »I«, und wo bei einem dunklen »U«?

Können Sie sich an eine Klanglandschaft, die Sie einmal erlebt haben, erinnern?

Können Sie diese gar mit der Stimme wiedergeben?

Was die Stimme beflügelt

In der Entfaltung der Freien Stimme bilden Bewegung, Atem und Stimme ein Ganzes. David Bohm[129] spricht von einem Informationsfeld, an dem wir andocken können und auf das wir uns zubewegen. Ich verrate Ihnen, was mich in der Stimmarbeit besonders beflügelt. Die Bereiche sind miteinander verbunden.

Das Informationsfeld

Das Neue begegnet uns oft unerwartet. Der Musiktherapeut Paolo Knill spricht vom unmittelbaren Dritten.[130] Es gehe um Momente, in denen aus einer Improvisation unvermittelt etwas Neues hervorgeht, das überrascht und eine nachhaltige Wirkung entfaltet.

Damit das passiert, braucht es einen Raum, der Ihnen genügend Schutz und Privatsphäre bietet. Dort können Sie Impulsen folgen, die sich ergänzen und im Wechselspiel verstärken. Schutz bezieht sich sowohl auf den physischen als auch den sozialen Raum.

Von Ihnen braucht es die Bereitschaft, sich auf Neues einzulassen und sich unter Umständen sogar lächerlich zu machen.[131] Dies gilt insbesondere auch für bestandene Sänger*innen, die meist glauben, sich in der Stimme bestens auszukennen und sie mit ihrer Stimmtechnik jederzeit unter Kontrolle zu haben.

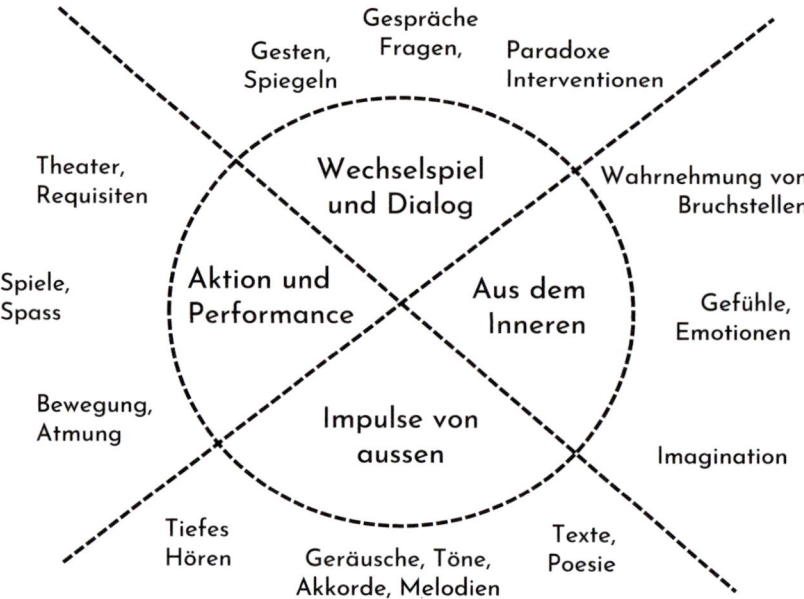

Gespräche
Fragen,

Gesten,
Spiegeln

Paradoxe
Interventionen

Theater,
Requisiten

**Wechselspiel
und Dialog**

Wahrnehmung von
Bruchstellen

Spiele,
Spass

**Aktion und
Performance**

**Aus dem
Inneren**

Gefühle,
Emotionen

Bewegung,
Atmung

**Impulse von
aussen**

Imagination

Tiefes
Hören

Geräusche, Töne,
Akkorde, Melodien

Texte,
Poesie

*Abb. 25:
Startpunkte,
Ressourcen*

Alles, was uns aus der Komfortzone in einen freieren Bereich der Stimme hinausträgt, ist hilfreich. Ich gliedere das Feld in vier Bereiche: Wechselspiel und Dialog, aus dem Inneren, Impulse von aussen, Aktion und Performance. Die Figur fasst Ressourcen, auf die Sie in Singstunden, Workshops oder in der freien Improvisation zugreifen können, zusammen.

Wechselspiel und Dialog

Gespräche waren für Wolfsohn der wichtigste Türöffner für die Stimme. Er startete seine Singstunden meist mit einem Gespräch über die momentane Befindlichkeit, gerade Erlebtes, oder über Träume. Es ging ihm darum, möglichst direkt an dem, was im Augenblick für den Lernenden wichtig ist, anzuknüpfen.

Er empfahl, in der Stimmarbeit Psychologie zu betreiben, »wie der Seelenarzt es tut« .[132] Das Instrument, dessen sich dieser bedient, seien die Träume, die Bilder der Seele, in dessen Malerei sich Sehnsüchte, Wünsche, Triebe, Ängste oder Verhinderungen ausdrückten.

Roy Hart wies seine Schüler*innen an, ihre Träume zu notieren. Die Mitglieder des RHT trafen sich beinahe täglich zu Sitzungen, in denen sie diese besprachen. Für die Stimmarbeit oder die Entwicklung eines Theaterstücks wurden dann Themen, die aus dem Unbewussten aufgetaucht waren, vertieft.[133]

Zum Dialog gehören auch Fragen. Sie helfen, Räume zu öffnen und Routinen im Denken, in Bewegungen, in der Atmung und in Handlungen zu erkennen und zu durchbrechen.

Gerade bei Personen, die sich ihrer Sache sicher sind, können paradoxe Interventionen hilfreich sein, um Blockaden zu lösen. Solche Interventionen können körperlich sein (z. B. Massage während des Singens) oder auch über eine Instruktion oder eine Frage erfolgen.

Abb. 26:
Gespräch zu
Beginn einer
Stimmreise

Dazu zwei Beispiele: Ich habe Situationen erlebt, in denen Menschen, die keine Note in einem Kinderlied rein singen konnten, plötzlich rein sangen. Das war möglich, nachdem sie sich bereit erklärt hatten, während des Singens eine simple Tätigkeit zu verrichten (z. B. Fenster putzen, Boden wischen). Im zweiten Beispiel wurde ich gebeten, ein Lied, das ich für einen Auftritt einstudierte, in der Probe absichtlich falsch und vulgär zu singen. Diese paradoxe Intervention eröffnete mir einen vollständig neuen Zugang zum Wesen des Liedes.

Das Spiegeln oder Führen der Stimme mit non-verbalen Mitteln wie Mimik, Tanz oder Gesten ist ebenfalls eine Form des Dialogs. Sie kann sehr wirksam sein. Für das Führen der Stimme genügt bereits die Mimik im Gesicht der Lehrperson. In Improvisationstheater wird mit Listen von Gefühlen gearbeitet, Sie werden Gesichtsausdrücken zugewiesen.[134] In einem ähnlichen Sinne kann man diesen Gefühlen auch Laute zuordnen.

In einer Stimm-Improvisation kann es einen grossen Unterschied machen, wenn man neben der improvisierenden Person eine zweite, beispielsweise ein/e Tänzer*in, ins Spiel bringt. Diese kann die Stimme der singenden Person mit körperlichen Bewegungen spiegeln und über Bewegungen in neue Bereiche führen. Stimme und Improvisation werden belebter. Das Visuelle lenkt von der Idee ab, dass Stimme im Kehlkopf gemacht wird.

Aus dem Inneren

Die Beschäftigung mit einer Bruchstelle in der Stimme kann zu Fragen und Erkenntnissen über das eigene Leben führen. Ich denke auch an Heiserkeit, Kratzen oder schwankende Töne.

Bei deren Erforschung empfiehlt Fitzmaurice, von der Gegenwart zu starten und die Vielfalt an Geschichten, die Körper und Stimme erzählen, wahrzunehmen.[135] Diese widersprächen sich zuweilen. Man könne sich traurig und zugleich böse fühlen, die Hand für Zärtlichkeit ausstrecken, aber im gleichen Moment zuschlagen wollen. Die Ambivalenz sei weniger ein Problem als eine Ressource.

Die Klärung von Bruchstellen in der Stimme braucht Zeit. Bei Lehrer*innen des RHT überrascht mich immer wieder die Geduld und Hartnäckigkeit, mit der sie sich solchen Feinheiten in der Stimme zuwenden. Die Erkenntnis, die man aus dieser Arbeit für die Stimme gewinnen kann, ist gross.

Gefühle können in der Stimme sehr präsent sein. Der RHT-Lehrer Ian Magilton beschrieb eine Schlüsselszene in seinem Leben. Er musste in einer Probe Gesicht an Gesicht mit Roy Hart eine Szene mit den Worten *c'est possible; je t'aime* (dt. es ist möglich; ich liebe Dich) singen. Die Szene war für beide zum Bersten intensiv, weil es um tiefe, im Moment erlebte Gefühle ging. Beide liebten die gleiche Frau. »Ich wusste, dass, wenn einer von uns in dieser Szene nur den Anschein eines Zweifels zeigen würde, die Szene in sich zusammenfallen würde.«[136]

Der Zugang zu einem Lied kann einer Person verwehrt sein, weil der Text des Liedes starke Gefühle weckt. Ich habe oft erlebt, dass eine Person ein Lied erst dann befreit singt, wenn sie die Gefühle erkennt und Emotionen zulassen kann. Die Reise nach Innen öffnet das Tor.

Die Kraft der Vorstellung, die Imagination, ist eine grosse Ressource für die Stimme. Sie hat einen direkten Bezug zur Fähigkeit, sich in Rollen hineinzuversetzen, zu fokussieren, aus sich herauszutreten. Bilder und Gedankenreisen können helfen, die Stimme zu befreien. Sie können gar den Körper heilen. Fachleute sprechen von Idiokinesis.[137]

Mit anderen Worten: Die Vorstellung ist oft bedeutender als die Wirklichkeit. Hier lässt sich an die reiche Welt der Mythologie anknüpfen. Ebenso kann die Beschäftigung mit Erinnerungen an persönliche Erlebnisse die Stimmarbeit bereichern.

Impulse von Außen

In der Meditation wird der Geist durch Achtsamkeits- und Konzentrationsübungen beruhigt und gesammelt. Sie kann aber ebenso eine sinnliche Erfahrung sein. Die Wahrnehmung für Impulse von aussen wird geschärft.

Der Meditationslehrer Thich Nhat Hanh spricht vom »Tiefen Zuhören«. »Wer aus dem Geist der Stille lauscht, dem sagen alle Vogelstimmen und das Raunen des Windes in den Kiefern etwas.«[138] Aus der Stille entspringt das Leben. Wir hören den Ruf der Schönheit und antworten, in Gedanken oder mit der Stimme.

Die Komponistin Pauline Oliveros (1932–2017) hat diese Erfahrung zu einer Methode erweitert. Sie gründete das *Deep Listening Institute* in der Nähe von New York. *Deep Listening* verstand sie als ein Lernen, die Wahrnehmung von Tönen im Kontinuum von Raum und Zeit bis an die Grenze des Menschenmöglichen zu vertiefen.[139] Sie nutzte diese Methode für Kompositionen. Die Methode ist auch eine grosse Ressource für die Stimmarbeit.

Bilder beleben. Wolfsohn sprach vom »Inneren Ohr«. »Überall nämlich singt es, die Stumpfheit unserer Ohren hindert uns nur daran, dies Singen zu hören.«[140] »Jedes Bild, jede Plastik, jedes Erzeugnis der Architektur singt auch für ein Auge, das für mich ein umgewandeltes Ohr bedeutet.«[141]

Texte, besonders auch Gedichte, schaffen einen direkten Bezug zur Welt der inneren Töne und der Imagination. Sie sind ein guter Ausgangspunkt für Stimm-Improvisationen. Poesie ist für den Literaturwissenschaftler Christian Metz die Verschränkung der Klang- und Bildsphäre. »Gedichte, aber auch Literatur, können ... einen anderen Raum öffnen.«[142] Dies gibt der Stimme Impulse. Metz spricht von einem »anderen Leben, das potenziell in einem selbst steckt.«[143]

Matthias Rauh und ich liessen uns von Kaligraphien, die François Cheng in seinem Buch mit dem poetischen Titel *Et le souffle devient signe* (dt. Und der Atem wird Zeichen) beschrieb, inspirieren.[144] Kaligraphien werden in einem Atemzug gezeichnet. Jede Kalligraphie führte uns zu einer neuen Melodie. Die Bilder waren durch Texte und Gedichte angereichert, was die Improvisationen weiter beflügelte.

Abb. 27:
Pauline Oliveros

Die Zusammenarbeit mit Matthias Rauh hat mir neue Möglichkeiten gezeigt. Geräusche (z. B. ein Kratzen auf einer Oberfläche) eröffnen neue Stimmräume. Die Arbeit mit Loops (wiederkehrende Sequenzen) oder Echogeräten regt an, in eine Tonlandschaft einzutauchen. Das braucht Zeit und Geduld. Ich arbeite regelmässig mit Menschen aus fremden Kulturen. Da erlebe ich immer wieder, dass mit Klangteppichen, die man mit einem Loop legt, Räume entstehen, die Assoziationen wecken und zu Stimm-Improvisationen, in denen Gefühle berührt werden, einladen.

Das Anschlagen einer Tonspanne auf dem Klavier öffnet einen Raum für die Improvisation mit der Stimme. Als besonders wirksam erlebe ich die Quinte. Dabei geht es nicht zwingend um die Schaffung von Harmonie, sondern um eine Arbeit mit der Energie der Töne. Mit plötzlichen lauten dissonanten Akkorden auf dem Klavier bringt man Energie in eine Stimme. Ruhige, auch dissonante Akkorde regen an, in die Tiefe zu gehen.

Aktion und Performance

Die Welt will »er-tanzt« und »er-sungen« sein. Die Stimme passiert in dieser Aktion. Tanz und das Aufbrechen von stereotypen Bewegungen können sie beflügeln. Bereits mit dem Aufstehen kommt man in eine neue, aktivere Energie.

Aus Imagination wird Theater. Es geht um Gemeinschaft, das Spielen von Rollen, den Einsatz von Requisiten. Dies ist eine grosse Ressource für die Stimme.

Wenn Sie bestimmt auf den Boden treten, um sich als König zu fühlen, gewinnt Ihre Stimme an Kraft. Wenn Sie gefragt werden, als Bohrmaschine ein Loch in eine Wand zu bohren, können Sie mit Ihrer Stimme unerwartete Höhen erreichen.

Aus einem Kurs am RHT blieb mir ein etwas scheuer Mann in Erinnerung, der seine Stimme nur zögerlich einsetzte. Als er gebeten wurde, als hungriger Löwe um Essen zu betteln, wuchs er über sich hinaus. Er wurde zum Raubtier und nutzte seine Stimme entsprechend.

Requisiten sind Teil des Theaters. Sie können der Stimme wichtige Impulse geben: Masken, Clown-Nasen, Tücher oder Musikinstrumente habe ich als sehr inspirierend erlebt. Sie führen uns in neue Stimmerfahrungen.

Körperliche Aktivitäten wie »am Boden herumrollen«, haben eine direkte Wirkung auf die Stimme. Interessant ist auch der Effekt, wenn man die Kontrolle über die Bewegungen abgibt und sich im Raum von anderen führen oder drehen lässt, vielleicht sogar mit verbundenen Augen. Man erlebt, wie der Körper zur Quelle der Stimme wird.

Spass bringt uns in den Moment. Die Experimentierfreude wird angeregt, wenn wir andere zum Lachen bringen. Wolfsohn berichtete, wie er bereits als Kleinkind Spass an neckischen Kinderliedern hatte, die mit Lauten spielten. Besonders ein Lied gefiel ihm: »Da lachten all' die Engelein: Hi hi hi; und Petrus lachte auch darein: Ho ho ho.« Seine Mutter brachte die Stimmen zum Leben.

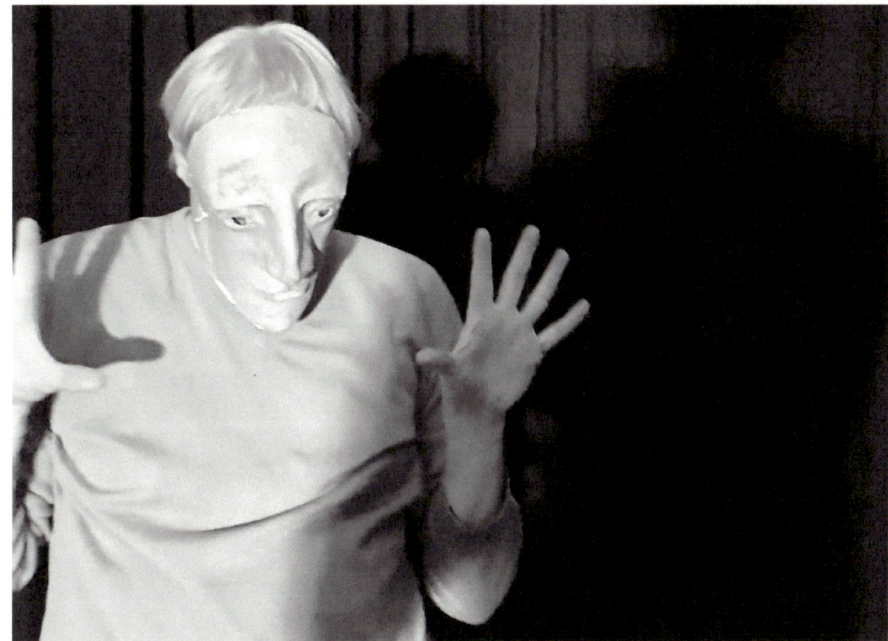

Abb. 28:
Requisiten
verzaubern
und beleben

Im Spiel vergessen wir den Ernst. Gemeinschaft weckt das Kind in uns. Beispiele hierfür sind: sich im Kreis Töne zuwerfen, diese zu kleinen Sequenzen formen, die Verbindung von Clownerien und Stimme. Lustvoll ist auch Brabbeln und das Sprechen ohne Inhalt, das *Gibberish*.

Reflexion 5

Gehen Sie in den Wald oder in einen Garten und versuchen Sie, einen Baum mit der Stimme wiederzugeben.

Stellen Sie sich vor, dass Sie als König*in auf der Bühne stehen. Stampfen Sie kräftig auf den Boden, um sich Autorität zu verschaffen.

Und jetzt singen Sie Ihr Lied in dieser Spannung.

Singstunden

Stimmarbeit braucht ein Gegenüber, das beobachtet und Impulse gibt. Das erklärt den Wert der Singstunde. Hier präsentiere ich Ideen für die Gestaltung dieser Stunden. Ich schildere, wie Wolfsohn gearbeitet hat. Der Prozess bleibt offen für Unerwartetes.

Es geht um Sie!

Alfred Wolfsohn glaubte, dass sich die Persönlichkeit in der Stimme zeigt. Stimmarbeit sei damit ähnlich wie Graphologie. Man könne aus der Stimme Wesentliches über die Charakterzüge eines Menschen aussagen.

Ziel von Singstunden sei damit die Entfaltung des vollen Potenzials der Stimme.[145] Techniken zu lernen oder sich ihnen zu unterwerfen sollte nie im Zentrum stehen. Vielmehr gehe es darum, sich mit den Quellen der Stimme zu verbinden, »die stärkste Beziehung zwischen dem Singenden und seiner Stimme zu suchen«[146]. Stimmtechnik könne allenfalls helfen, das Potenzial weiter zu entwickeln.

Singstunden sind eine Ko-Kreation zwischen Lehrpersonen und Schüler*innen. Die Lehrperson hilft, das kreative Potenzial zu entdecken und weiter zu entwickeln. Sofern es der Stimmentwicklung hilft, ist jedes Mittel gut. Roy Hart griff auch an Hals oder Bauch. Oder er setzte Strenge ein, um Schüler*innen in Extreme zu stossen. Andere sehen sich als Fischer, die Angeln auswerfen, um die Lernenden aus der Reserve zu locken.[147]

Die Beziehung zwischen Lehrpersonen und Schüler*innen ist zentral für das Gelingen. Ohne Vertrauen ist es für Lernende schwierig, Grenzen zu überschreiten. Sie müssen an die Lehrperson glauben. Das sei letztlich wichtiger als das, was diese leiste.[148]

Diese Glaubwürdigkeit lässt sich am besten erreichen, wenn die Lehrperson selber in Lernprozesse mit der Stimme eingebunden ist. Sie muss spüren, was für die Schüler*innen wichtig ist.[149] Sie beobachtet und entscheidet, wo Impulse weiterhelfen: Körper, Psyche oder Fokus. Träge Personen profitieren, wenn sie in Bewegung gebracht werden. Andere müssen zuerst über etwas gerade Erlebtes oder ein Problem sprechen.

Sowohl Lehrpersonen als auch die Schüler*innen arbeiten mit Referenz zu einer tieferen Autorität, dem Wissen um die Universalität der Stimme. Singstunden sollten sich aber nie als Therapiestunde anfühlen. Beide, Lehrperson und Schüler*in, sind in einen Prozess involviert, der etwas zu tun hat mit Glauben und Vertrauen in die Möglichkeiten der Stimme. Das ist eigentlich das Gegenteil von Therapie.

Das Klavier ist ein zentrales Element in der Arbeit mit der Freien Stimme. Schreie, Rufe und Töne sollten an Referenztöne angebunden werden. Das gibt dem Prozess eine Richtung. Die Gefahr, dass eine Lektion zur Therapiestunde wird, wird spürbar kleiner.

Die Haltung des »Nicht Beurteilens« ist der Königsweg. Er lässt Raum für Kreativität. Dabei kann man als Lehrperson darauf zählen, dass die Lernenden diese entfalten wollen. Die meisten Menschen haben Lust, etwas zu kreieren. Ein zu rasches Feedback oder Ratschläge können die Kreativität der Schüler*innen blockieren.

Gestaltung und Ablauf

Die Startphase ist wichtig, um den Kontakt zu den Lernenden herzu-
stellen. Es kann sich um ein Gespräch handeln, eine Lockerung über At-
mungs- und Bewegungsübungen oder um eine Tonübung am Klavier. Der
Rahmen ist komplett offen. Die Tabelle fasst einige Vorschläge zusammen.

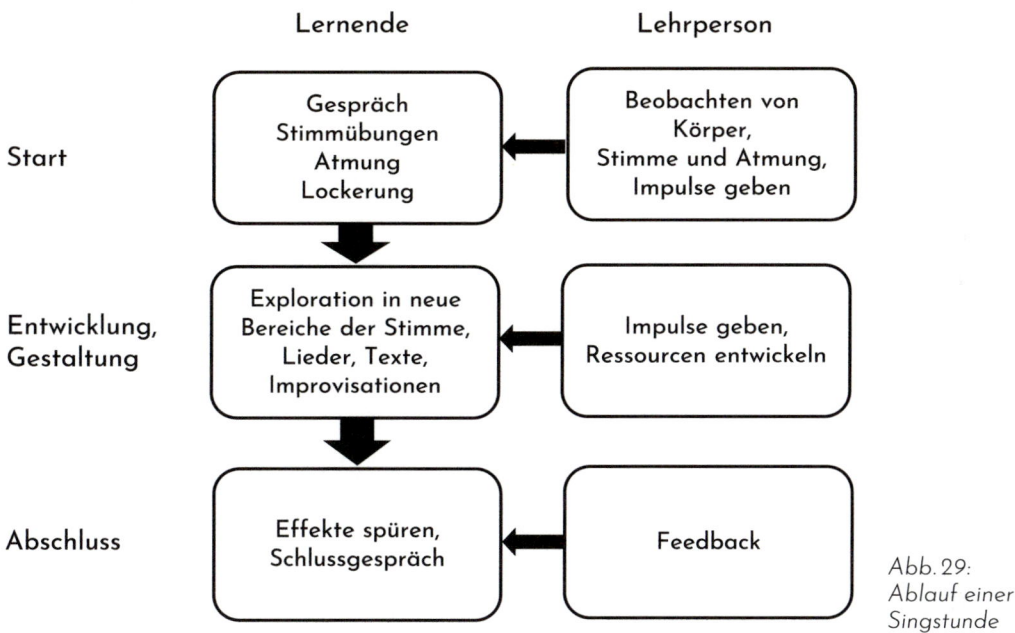

Abb. 29:
Ablauf einer
Singstunde

Die Lehrperson ist gefordert, aktiv zuzuhören. Sie beobachtet Intensität, Frequenz, den organischen Ort der Vibration und physische Reaktionen. Beispiele sind die Atmung oder der Zusammenzug von Muskeln.
Es geht um Zonen des Ausdrucks und des Wohlbefindens. Brüche (z. B.
Husten, Kratzen, Atemnot, Abbruch) können auf blockierte Gefühle
hinweisen.

Tab. 1: Einstieg in eine Singstunde (Beispiele)

Einstieg	Vorgehen	Kommentare
Ohne Anstrengung einen beliebigen Ton singen lassen	Töne singen; Körper beobachten; Ton in der Höhe variieren.	Wo sind die Blockaden? Ist der Ton im Hals?
Über eine Akkordfolge improvisieren lassen	Abfolge von Quinten; direkt improvisieren; nachsingen von Tonfolgen; Instruktionen wie »mächtiger, höher« folgen.	Fliessender Übergang in die Phase der Entwicklung und Gestaltung
Gespräch	Ein Element auswählen (z. B. Wort, Thema) und entwickeln; in Tönen ausdrücken; in die Höhe gehen.	Methode von Alfred Wolfsohn
Improvisation über Bewegungen	Bewegungen machen lassen; dabei Stimme zulassen; neue Bereiche explorieren.	gut bei Personen, die relativ verkrampft sind.
Ton frei wählen lassen	Schüler*in wählt einen Ton; von dieser Tonlage auf- und absteigen; Höhen und Tiefen erkunden.	verschiedene Vokale nutzen
Atemübung	Zum Beispiel durch ein Röhrchen einen gleichmässigen, kalten Luftstrahl auf die Hand blasen; tief einatmen, in dem man Unterkiefer fallen lässt; wieder blasen.	belebend
Imagination	Sich innerlich entspannen; sich zum Beispiel einen Wasserfall vorstellen und einen Ton in diesem Wasserfall singen.	gut bei gestressten Menschen
Tiefes Zuhören	Die Augen schliessen; die Geräusche wahrnehmen; ein Geräusch auswählen und dieses wiedergeben und formen	innere Entspannung, führt rasch in neue Bereiche

Der Weg, der sich in der Startphase zeigt, wird durch die Entwicklung und Gestaltung eines Themas, das auftaucht, weiter erforscht. Im Zentrum steht die Entwicklung der Stimme. Beispiele sind: die Arbeit an einem Text, das Einstudieren eines Liedes, eine freie Improvisation mit der Stimme.

Nach meiner Erfahrung sind in dieser Phase drei Figuren involviert: die Lehrperson, die Schüler*in und imaginäre Personen oder Figuren, die ins Spiel gebracht werden. Beispiele sind: ein Raubtier, Betrunkene, eine Muse als Zuhörerin. Sie geben dem Lernenden Fokus. Sie beleben die Imagination. Die Fixierung auf die Lehrperson wird aufgebrochen.

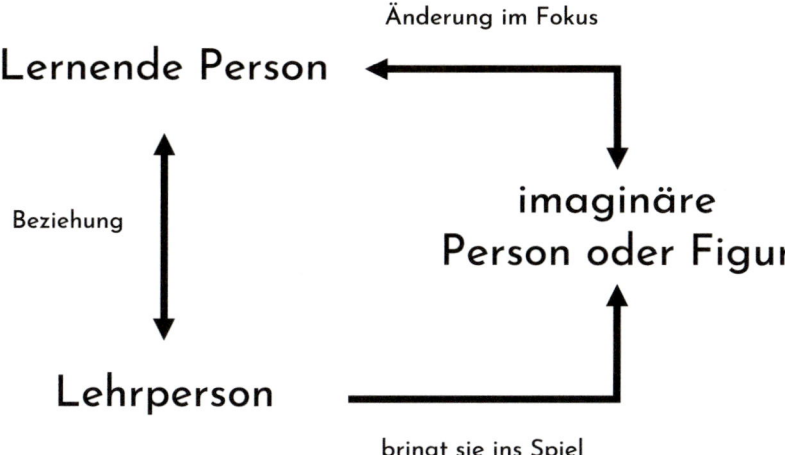

Abb. 30:
Interaktion
im Lernprozess

Das Insistieren, auch über längere Zeit, ist manchmal wichtig, um sich mit den Wurzeln zu verbinden, Fortschritte in der Stimmentwicklung zu erzielen und Türen in neue Räume aufzustossen. Die Arbeit wird vertieft, je länger man bei einem Thema bleibt und nicht zu rasch in Neues wechselt.

Die kreative Phase ist ein Prozess der Entwicklung und Gestaltung. Es kann sinnvoll sein, ihn in Schleifen zu gliedern. Sequenzen von 10–15 Minuten werden durch Feedbackrunden abgeschlossen, wenn die Energie erlahmt. Das Gespräch über Erfahrungen führt zum Thema der neuen Sequenz.

Den Abschluss der Singstunde bildet ein Gespräch über die Effekte und das Erlebte. Diese können manchmal in anderen, ganz unerwarteten Bereichen liegen. Wolfsohn berichtete von einer 13-jährigen Schülerin, die durch die Beschäftigung mit der Stimme ihre Fähigkeiten im Zeichnen entdeckte.[150] Andere berichten, dass diese Art von Stimmarbeit ihr Selbstvertrauen stärkte.[151]

Oft geht es um Mut, Lebenskraft und Selbstvertrauen. Ein Arzt, selbst Schüler, berichtete: »Es geht um eine psychologische Befreiung. Man kann den Körper, die Knochen singen lassen und unerhörte Höhen und Tiefen erreichen. Dies erreicht man mit Stimmtechnik nicht. Die ganze Person ist gefordert.«[152]

Der Singlehrer Alfred Wolfsohn

Das Geheimnis von Begegnungen mit Wolfsohn wurde wie folgt beschrieben: »Er hat mich so akzeptiert, wie ich bin.«[153] Es ging ihm nicht um die Unterstützung eines vorher beabsichtigten Wandels, sondern darum, besser zu verstehen, wie seine Schüler*innen ihre Freiheit, sich auszudrücken, nutzten oder limitierten.[154] Dabei legte er Wert auf die Stärkung der Selbstwahrnehmung.

Wolfsohn selber beschrieb seine Methode so: »Die Kunst besteht in der Aufgabe, sich in denjenigen, der zu ihnen kommt, hineinzuversetzen.«[155] Er wollte seine Schüler*innen stärken. Er baute auf die Kraft der Empathie. Er ermutigte, extreme Stimmbereiche zu erforschen, Reste des anderen Sexes in sich zu entdecken, den Stimmumfang zu erweitern oder den Ausdruck der Stimme zu variieren.

Die Biographin von Wolfsohn, Sheila Braggins (1927–2014), beschrieb, wie er unterrichtete.[156] Er sass meist am Klavier. Es gab bei ihm keine Atem- oder andere Aufwärmübungen. Zuweilen benutzte er ein Brett an der Wand, gegen das sich die Schüler*innen anlehnen mussten, damit sie Reaktionen im Körper während der Stimmübungen besser wahrnehmen konnten.

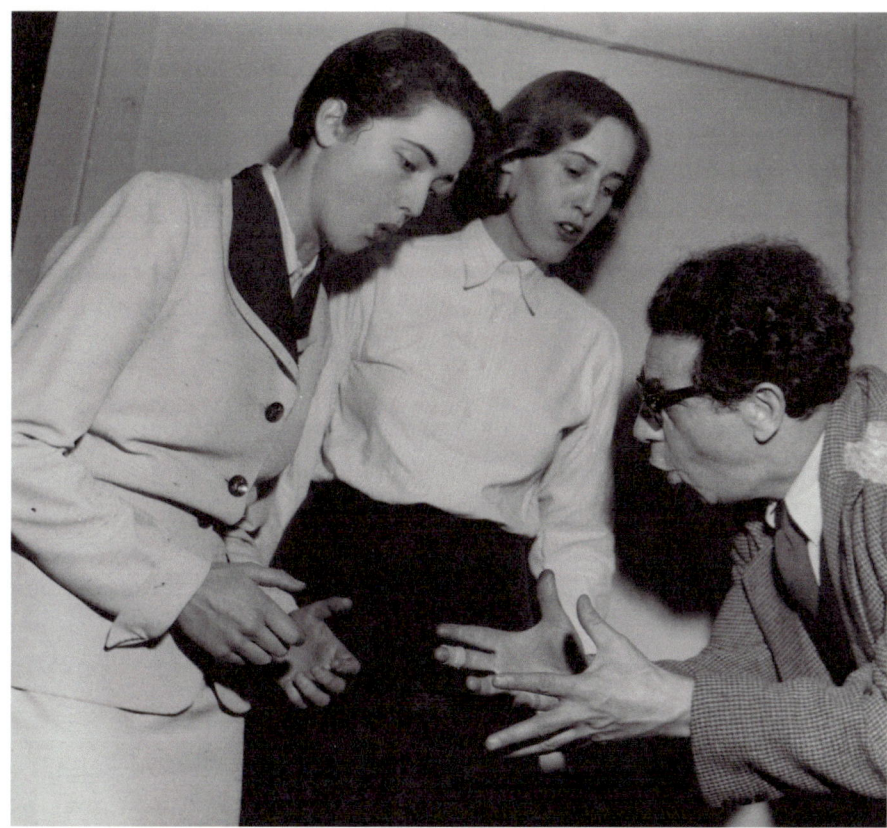

Ein typischer Ablauf:

1. Wolfsohn startete mit einer Frage, wie sich die Schüler*in fühle oder was sie/ihn gerade beschäftige. Daraus konnte sich ein Gespräch oder eine erste Stimmarbeit entwickeln, beispielsweise die Improvisation über ein Wort.

2. Eine Alternative war, dass die Schüler*in eine Tonreihe singen musste, die Wolfsohn am Klavier vorgab. Die Töne mussten bis an die Grenzen des Atems mit Energie durchgezogen werden. So entwickelte sich Vertrauen, auch in die eigene Stimme. In der Regel ging es zuerst nach oben und anschliessend nach unten auf der Tonleiter, immer bis an die Grenzen.

3 Diese Grenzbereiche interessierten Wolfsohn. Für die Lernenden waren sie am Anfang Neuland. Sie entdeckten neue Stimm- und Ausdrucksmöglichkeiten.

4. Nach einer halben Stunde gab es eine Rauchpause am Fenster, in der man sich über das Erlebte austauschte oder sich auch mal einen Traum erzählte.

5. Zum Schluss sang man ein Lied, das Wolfsohn in die Singstunde mitgebracht hatte.

Alfred Wolfsohn pflückte oft ein Wort aus einem Gespräch und erforschte dessen Bedeutung in einer freien Stimm-Improvisation. Zuweilen spielte er eine Note und lud die Lernenden ein, die Note mit Crescendo zu singen. Er variierte den Ton nach oben und nach unten auf dem Klavier. Oder er bat die Lernenden, mit anderen Stimmen und Klangfarben zu experimentieren: als Sopran (ganz oben im Kopf), Tenor (im Vorderkopf) oder als Bass (in den Körper). Bekannt war sein: Violine, Viola, Cello und Doppelbass.

Seine Singstunden blieben aber immer eine unberechenbare Reise. Es gab im Grunde keinen Plan. Bereits die Art, wie die Schüler*innen ins Zimmer traten, wo sie sich hinstellten oder wie sie ein Glas in die Hand nahmen, war für Wolfsohn eine Brücke zu Musikalität und Stimme. Das Ziel war dabei stets die Befreiung des stimmlichen Ausdrucks, sowohl in Umfang als auch in der Dynamik.

Kaya Anderson, die vermutlich letzte noch lebende Schülerin von Wolfsohn, erzählte, dass die Singstunden mit ihm von einer Spannung und einer Dramatik durchdrungen waren. Die Lernenden fühlten sich fast penetrant beobachtet. Die Stunden waren manchmal ein konstantes, vielfach psychologisches Interview. Er änderte Übungen und Stimmreisen brüsk, wenn sich neue Wege und Stimmräume zeigten. Er gab auch analytische und zeitweise harsche Feedbacks (z. B. »Es fehlt Ihnen an Mut«; »Sie zeigen mir nur Ihre sonnige Seite«).

Die künstlerische Form war ihm wichtig. Er forderte dazu auf, die Töne an spezifischen Noten, die er auf dem Klavier vorgab, festzumachen. Diese Noten variierte er nach oben und unten. Durch diese Methode wurde auch das Hässliche in eine künstlerische Form eingebunden.[157]

Wo es der Stimme und der Kreativität diente, waren auch Gespräche über Sexualität und Erotik kein Tabu.[158] Beides sei nicht von der menschlichen Existenz zu trennen und damit immer präsent. Eine Schülerin berichtete über den Effekt eines solchen Gesprächs: »Damit pflanzte er einen Gedanken in mich. Dieser reifte zur Idee, meine Sexualität offener zu zeigen und zu leben. ... Das entscheidende war: die Idee war gepflanzt. Und das wurde zur Energie.«[159]

Alfred Wolfsohn beschäftigte sich auch mit Menschen, bei denen die offizielle Gesangspädagogik versagt hatte. Ein Beispiel war ein Tenor, dessen Stimme wackelte, wenn er in einer Arie Höhe nahm. Er hatte an bedeutenden Theatern gesungen, war aber seit Monaten ohne Engagement.

Wolfsohn entschied, die psychischen Kräfte des Tenors, die offensichtlich lahmgelegt worden waren, wieder zu mobilisieren. Nachdem das Vertrauen geschaffen war, öffnete ihm der Tenor sein Herz und erzählte, dass er seine Frau, mit der er jahrelang glücklich zusammengelebt hatte, durch Depressionen verloren hatte. Mit ihrem Selbstmord hatte sein stimmlicher Verfall begonnen.[160] Wolfsohn sprach Parallelen zur Orpheus-Sage an: dem Sänger, der aus Trauer über den Verlust der geliebten Gattin nicht mehr singen konnte. Der Tenor, der die Heilung primär bei Kehlkopfspezialisten gesucht hatte, reagierte ungläubig.

Bald nach diesem Gespräch verliebte er sich aber wieder neu und erzählte Wolfsohn, dass ihm im Traum seine erste Frau erschienen sei und von ihm Abschied genommen hätte. Wolfsohn sah in diesem Traum den Boden für die Gesundung des Tenors. Eros, der dritte Spieler in der Oper »Orpheus und Eurydike« von Christoph Willibald Gluck (1714–1787), habe offenbar eine grosse Rolle im Hintergrund gespielt. Die Stimme des Tenors erlangte wieder die alte Stärke.

Alfred Wolfsohn wollte die Hintergründe der Persönlichkeiten, mit denen er arbeitete, ganzheitlich verstehen. Deshalb verliess er sich nicht nur auf seine Ohren, sondern auch auf seine Augen. »Es kamen Schüler zu mir, die mit der ganzen Anatomie des Kehlkopfes, der ganzen Mechanik des Sprech- und Singvorgangs Bescheid wussten, die mit phonetischen Kunststücken paradieren konnten, die aber das eine nicht beherrschten: das Singen nämlich.«[161]

Eine Frau bat ihn um seine Meinung, ob sie zur Sängerin tauge.[162] Wolfsohn schrieb ihr: »Ich konnte es nicht zusammenbringen, dass meine Augen mir mitteilten, hier stände ohne Zweifel ein empfindender, zugänglicher Mensch vor mir, meine Ohren aber widersprachen, weil sie festhalten mussten, dass Ihre Stimme unbeseelt klang, jeglicher Wärme, jedes Lebens entbehrte.« Die Schülerin erkannte, dass sie Themen oft nur mit dem Intellekt und zu wenig mit dem Herzen anging. Diese Erkenntnis gab ihr den entscheidenen Impuls.

 # Reflexion 6

Stellen Sie sich im Übungsraum mit dem Gesicht gegen eine Wand und stellen Sie sich vor, dass Sie gefangen sind.

Versuchen Sie, sich mit Händen und Stimme aus dieser Gefangenheit zu befreien. Schreien Sie, kämpfen Sie.

Nach einer Weile werden sich in Ihrer Stimme neue Räume öffnen.

Workshops

Für die Planung und Durchführung von Workshops zur Improvisation mit der Freien Stimme sind sozialpädagogische Erfahrungen hilfreich. Es geht um Kenntnisse über die Selbstregulation von Gruppen, die richtige Einschätzung der Wirkung von Interventionen, die Arbeit mit der Energie von Gruppen, oder der Umgang mit Teilnehmenden, die den Ablauf blockieren.

Gestaltung und Ablauf

Workshops können einen halben Tag dauern oder sich über mehrere Tage und Wochen erstrecken. Ideal sind Gruppen von 6–15 Personen, auch abhängig von der Grösse des Raumes. Eine klare Struktur gibt Sicherheit.

Ich empfehle, Workshops in fünf Phasen zu gliedern. Die Teilnehmenden müssen richtig abgeholt werden. Später geht es darum, den Rahmen des Erwarteten und Erlaubten zu definieren. Der Höhepunkt sind Darbietungen oder ein Theater.

Die Leitung muss erkennen, mit welchen Erwartungen die Teilnehmenden eintreffen. Oft ist auch der »Energie-Level« der Teilnehmenden recht verschieden. Falls sie gestresst sind, lohnt es sich, am Anfang auf Entspannung zu setzen. Falls sie müde wirken, hilft eine bewegte Meditation, die Teilnehmenden zu aktivieren. Atmung, Massagen oder Spiele mit der Stimme beleben und stärken das Gruppengefühl. In allem geht es darum, der Stimme Raum zu geben und stimmlichen Ausdruck nicht zu blockieren.

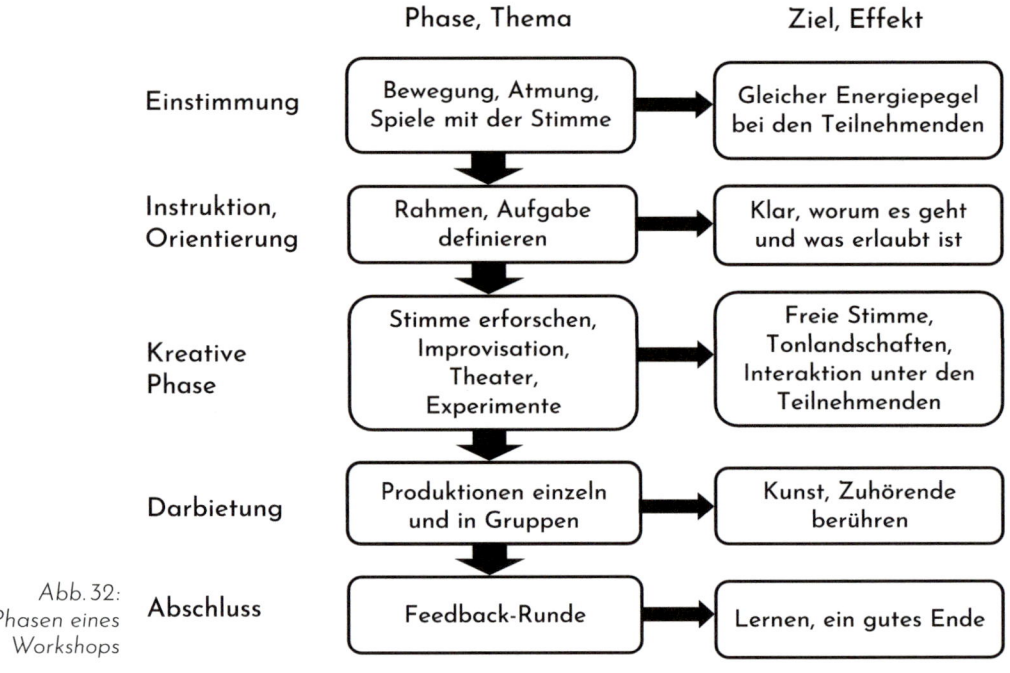

Phase, Thema		Ziel, Effekt
Einstimmung	Bewegung, Atmung, Spiele mit der Stimme	Gleicher Energiepegel bei den Teilnehmenden
Instruktion, Orientierung	Rahmen, Aufgabe definieren	Klar, worum es geht und was erlaubt ist
Kreative Phase	Stimme erforschen, Improvisation, Theater, Experimente	Freie Stimme, Tonlandschaften, Interaktion unter den Teilnehmenden
Darbietung	Produktionen einzeln und in Gruppen	Kunst, Zuhörende berühren
Abschluss	Feedback-Runde	Lernen, ein gutes Ende

Abb. 32:
Phasen eines
Workshops

Nach dieser Einstimmung gibt die Leitung eine klare Vorstellung, was in der nachfolgenden Improvisation erlaubt ist, was erwartet wird und wo die Grenzen liegen. Das gibt den Teilnehmenden Sicherheit. Es können auch Requisiten eingesetzt werden. Wenn in der Mitte Clown-Nasen liegen, wissen alle, worum es in der folgenden Improvisation geht.

Spätestens jetzt muss die Workshop-Leitung entscheiden, ob sie selbst Teil der Gruppe ist oder ob sie den Prozess von aussen moderiert. Das ist natürlich auch von der Grösse der Gruppe abhängig.

Die Phase der Improvisation braucht Zeit. Die Teilnehmenden sind aktiv einzubinden. Sie stehen im Zentrum. Die Leitung soll sich mit verbalen Interventionen zurückhalten. Spiegeln, doppeln[163] und paradoxe Interventionen[164] können helfen, wenn der Prozess stockt.

Tab. 2: Impulse für Improvisationen (Beispiele)

Impuls	Beschreibung
Code mit Anweisungen	Methode von Karlheinz Stockhausen. Ein Ablauf mit klaren Anweisungen, die von allen zu befolgen sind. Zum Beispiel: 5 Minuten einen Ton singen, der das Universum darstellt; dann Töne zu »Wellen im Meer«.
Führen über Fragen	Methode der Tänzerin Pina Pausch. Die Improvisierenden lassen sich als Gruppe auf Fragen ein. Zum Beispiel: Wie fühlt es sich an, am Bahnhof zu stehen? Wie fühlt es sich an, den Zug zu verpassen?
Tiefes Hören	Sie sind in der Stille und verbinden sich mit einem Geräusch aus dem Umfeld. Sie verstärken und verwandeln dieses Geräusch. Sobald die Energie abflaut, wenden Sie sich einem neuen Geräusch zu.
Bild, Bewegung	Sie folgen mit der Stimme einer Linie auf einem Bild oder den Bewegungen einer Person.
Archetypen	Sie verwandeln sich zum Beispiel in eine Königin oder in eine Hexe, mit der entsprechenden Stimme.
Inneren Bildern folgen	Sie gehen durch den Raum, liegen auf dem Boden oder stehen und geben den inneren Bildern Stimme.

Es kann helfen, ein Setting einzuführen mit Zuschauenden und Improvisierenden. Das gibt neue Energie in eine Gruppe. Natürlich ist auch der Einsatz von technischen Hilfsmitteln wie Loops möglich. Sobald die Energie sinkt, ist es Zeit, eine Improvisationsrunde zu schliessen und sich über das Erfahrene auszutauschen.

In der Regel folgt eine Phase mit Darbietungen von Elementen, die aus der Improvisation entstanden sind. Ziel ist, diese in eine künstlerische Form zu bringen, einzeln oder in Gruppen. Vielleicht hat auch jemand ein Lied oder einen Text vorbereitet. Die Darbietung vor Publikum gibt eine gewisse Verbindlichkeit. Feedback oder Coaching durch die Workshop-Leitung wird in der Regel geschätzt.

Zum Schluss ist es sinnvoll, den Teilnehmenden Möglichkeit für ein Feedback zu geben. Was hat überzeugt? Was war schwierig? Was nehmen die Teilnehmenden mit nach Hause? Zuweilen ist es auch stimmig, im Schweigen zusammenzusitzen und das Erlebte für einen Moment wirken zu lassen.

Gruppenstunden mit Roy Hart

Roy Hart startete seine Unterrichtstätigkeit in psychiatrischen Anstalten. Er sah darin auch einen Versuch, neues über die Heilkraft der Stimme zu lernen. Er unterhielt in den frühen Jahren einen engen Dialog mit Fachgesellschaften der Psychotherapie[165] und präsentierte seine Ergebnisse auch immer wieder an Fachkongressen.

Beteiligte beschrieben, wie in den Gründerjahren am RHT gearbeitet wurde.[166] Sie wussten selten, was sie im Studio erwartete. Einmal war der Boden mit Zeitungen bedeckt. Beim nächsten Mal musste man Texte in Solos rezitieren. Längere Improvisationen und Stücke gründeten in der Regel auf Texten.

Oft versammelte Hart die Gruppen im Kreis um das Klavier. Von dort begann er, mit jeder Person fünf bis zehn Minuten zu arbeiten. Er baute dabei auf den Stimmeffekten der vorgehenden Personen auf. Bis zum Schluss der Stunde hatte jede Person ihren kurzen Auftritt in der Gruppe.

Wenn Hart länger mit einer Person arbeitete, sass er am Klavier und gab klare Instruktionen. Alle Anwesenden konnten in der Einzelarbeit an anderen Personen etwas für ihre eigene Entwicklung lernen. Am Schluss ging es meist um eine dramatische Improvisation.

Erfahrungen

Die Leitung muss darauf achten, dass sie die Teilnehmenden in ihren Prozessen unterstützt und nicht durch Interventionen dominiert. Sie muss die Haltung leben, dass die Erforschung der Stimme im Zentrum steht und die Teilnehmenden die Forscher*innen sind.

Abb. 33:
Workshop in
Malérargues
(2020)

95

Je mehr Raum man den Teilnehmenden lässt, desto mehr steigt ihr Wissensdurst und die Freude an Experimenten. Je feiner und genauer die Interventionen der Leitung sind, desto stärker ist der Effekt. Hinweise und Kommentare während einer Improvisation sowie abrupte Wechsel können die Teilnehmenden in ihrem Prozess unterbrechen und werden häufig als Störung wahrgenommen.

Es ist wichtig, ein gutes Gruppengefühl zu schaffen, in dem Lernen möglich ist.[167] Momente, in denen die Teilnehmenden anderen zuschauen, können ebenso wichtig sein wie Sequenzen, in denen man selbst aktiv ist. Man lernt auch beim Zuschauen.

Psychisch Kranke oder sozial Auffällige sind solange tolerier- und integrierbar, als der innere Vertrag, der die Gruppe eint, nicht gestört wird. Beispiele sind: etwas künstlerisch zu produzieren; etwas mit der Stimme zu erleben und auszuprobieren. Die Workshop-Leitung muss Probleme ansprechen, wenn Teilnehmende diesen Vertrag verletzen.

 # Reflexion 7

Notieren Sie sich Satzfragmente, die mit »wie ein ...« beginnen, auf Zettel. Zum Beispiel: wie eine Blume; wie ein Löwe; wie ein Dämon im Nachtwald.

Gehen Sie auf einen Spaziergang und ziehen Sie wahlweise diese Zettel.

Geben Sie diesen Bildern Ihre Stimme.

Willkommen im Universum der Stimme

Jeder Atemzug ist eine Berührung Ihres Körpers mit dem Universum. Und dies gilt auch für die Stimme. Sie schafft eine Verbindung zu einer sich entfaltenden Welt, sowohl auf der physischen als auf der psychischen Ebene. Wolfsohn sprach von einem Mysterium. Vieles bleibt Ahnung, Bilder helfen. Wenn Sie in diesem Kapitel Inspiration für Ihren Weg mit der Freien Stimme finden, freut es mich.

Stille als Ausgangspunkt

Im Sommer 2019 nahm ich an einer Schweige-Woche in den Schweizer Alpen teil. Ziel war es, die Tage im Schweigen zu verbringen und eine neue Beziehung zur Stille zu finden. Neben der Morgen- und der Abendmeditation hatten wir viel Eigenzeit.

Schon am zweiten Tag empfand ich eine tiefe Ruhe und Sensibilität. Dazu trugen auch die Hör-Meditationen bei, die ich nach der Methode von *Deep Listening* [168] in der Natur praktizierte. Ich suchte einen Ort, wählte aus den Geräuschen eine Tonquelle aus und versuchte, über Imagination oder Stimme diese Quelle zu verstärken. Sobald die Energie abflaute, suchte ich eine neue Tonquelle.

An einem Morgen stand ich eine halbe Stunde vor einer Gruppe von Rindern, die da lagen und mich neugierig betrachteten. Der Moment berührte mich tief. Ich nahm die Tiere als Individuen wahr. Die Welt war Mitwelt. Ich gab diesen Gefühlen mit der Stimme Ausdruck. Die Kühe spitzten die Ohren. Einige drehten sich nach mir um.

Abb. 34:
Tiefes Zuhören
auf der Alp

Nach diesem Erlebnis hatte ich das Bedürfnis, auch den Wolken, den Bäumen und der ganzen Landschaft Stimme zu geben. Die Welt erschien mir als Klang. Es ging nicht mehr nur um Töne und Geräusche, sondern um das Ganze. Der Schritt zur freien Improvisation mit der Stimme war klein.[169]

Die Einheit der Sinne

Für Wolfsohn war die Lust, Grenzen in der Stimme auszuloten, weniger ein »promethischer Trieb« – die Lust, Neues zu erkunden – als die Heimkehr zu etwas Bekanntem. Er sprach von einem intuitiven Wissen um die Einheit des Lebens, zu dem alle Menschen Zugang hätten.

Augen und Ohren empfand er nicht als getrennten Sinne. Beim Betrachten des Sternenhimmels oder eines Bildes hörte er Musik. Das Innere sei so wichtig wie das Äussere.[170]

Mit dieser Sicht war Wolfsohn nicht allein. Der Philosoph Friedrich Nietzsche (1844–1900) sprach davon, dass Poesie und Tragödie dem Geiste der Musik entspringen.[171] Der Jazzmusiker Joachim-Ernst Berendt (1922–2000) schrieb über die Welt als Klang.[172] Moderne, inter-modale Ausdruckstherapie arbeitet mit allen Sinnen.[173]

In seiner Stimmarbeit ging es Wolfsohn um die Einbettung in das Ganze. Er sprach vom »Urgrund der Stimme«. Wir seien eine Welle im Meer.[174] »Was ich zu wissen glaube, ist, dass der fernste Abglanz des Göttlichen in mir existiert wie in Jedem.«[175] »Wenn sich aber das Universum ausdehnen kann, warum nicht ich, da ich die Personifikation dieses Universums bin?«[176] Die Ausdehnung sah er über die Stimme.

Alfred Wolfsohn teilte diese Ideen mit dem Schriftsteller Aldous Huxley (1894–1963). Dieser antwortete ihm. Es entstand ein kurzer Briefwechsel. Huxley, der auch mit Drogen experimentierte, meinte, dass es für Höchstleistungen mit der Stimme die Entspannung des oberflächlichen Willens und des bewussten Ichs brauche. Sie allein ebne den Weg zur »vegetativen Seele, oder, auf einer noch tieferen Stufe, zu Atman-Brahman.«[177]

Den Augenblick packen

Die Freie Stimme benötigt eine Offenheit für den Zauber, die Poesie und die Magie des Augenblicks. Wir stehen jederzeit in Beziehung zu einem sozialen, räumlichen und natürlichen Umfeld. Dies ist eine Quelle der Inspiration.

Die Tänzerin Anna Halprin beschrieb einen solchen Moment: »Eines Tages sass ich länger draussen auf unserem hölzernen Tanzboden. Ich bemerkte das Licht auf einem Baum. Eine rote Beere fiel neben mich, ein Nebelhorn klang in der Ferne. Kinder schrien und ich fragte mich, ob sie wirklich in Schwierigkeiten waren oder einfach spielten. Diese zufälligen Bezüge, jeder unabhängig vom anderen, erschienen mir als Ganzes so wundervoll und schön.«[178]

Abb. 35:
Anna Halprin
auf ihrem
Tanzboden
im Freien

Magische Momente werden möglich, wenn wir sie wahrnehmen und uns berühren lassen.[179] Im Grunde geht es um Poesie. Der Literaturwissenschaftler Christian Metz schrieb dazu: »Mir ist die Vorstellung sympathisch, dass 99 Prozent unserer Welt noch nicht richtig begriffen und beschrieben worden sind. ... Wir haben das Eigentliche berührt, ... einen

Zipfel davon zu fassen bekommen. Aber treffend beschrieben und erkannt? Das wäre das Eigentliche, zu dem Poesie den Weg mit ihrer eigenen Logik bahnt.«[180]

Die Stimme ist unser Gefährte auf diesem Weg. Sie ist offen gegen alle Seiten unserer Persönlichkeit. Jeder Aspekte hat seine eigene Berechtigung und ist eine eigene Welt.

Christian Metz bringt es auf den Punkt. Jedes Gedicht, jeder Moment sei ein Individuum, in das man sich verlieben könne. Es gebe dabei keine Einschränkung, »dass du nur den einen oder die eine lieben darfst und sonst keine(n). ... Man sollte mit vielen Gedichten eine Beziehung haben und darf sogar sagen: Von dir nehme ich nur einen Vers – aber den liebe ich sehr.«[181]

So verhält es sich nicht nur mit Beziehungen, sowohl zu Menschen als auch zu Momenten, sondern auch mit der Stimme.

Orpheus in der Unterwelt

Viele Stimmforschende, auch Wolfsohn, zogen diesen Archetypen aus der griechischen Sagenwelt bei.[182] Orpheus galt in der Antike als der beste Sänger. Seine Stimme betörte Götter, Menschen, Tiere, Pflanzen und Steine. Die Bäume neigten sich ihm zu. Die wilden Tiere scharten sich friedlich um ihn. Selbst die Felsen weinten angesichts seines schönen Gesangs.

Als seine Frau Eurydike starb, verlor er diese Fähigkeit. Um die Kraft zu singen wiederzuerlangen und damit sein Leben nicht als Schatten führen zu müssen, entschied er sich, den gefährlichen Gang in die Unterwelt zu wagen und den Kampf mit Furien und Dämonen aufzunehmen.

Es gelang ihm, Hades mit seiner Stimme zu betören und Eurydike vom Tod freizukaufen. Als letzte Prüfung musste er auf dem Weg zurück in die Welt der Versuchung widerstehen, sich nach Eurydike, die ihm folgte, umzusehen. Da er aber ihrer Schönheit nicht widerstehen konnte und sich umsah, mussten beide zurück in die Unterwelt.

Nach Wolfsohn muss jeder Mensch Orpheus in sich finden.[183] Versuchen Sie einmal, ein Lied vor diesem Hintergrund zu singen. Erlösen Sie Ihre Nächsten mit Ihrer Stimme von Krankheit und Tod. Solche Ideen erklären vielleicht, weshalb Stimme in schamanischen Traditionen so wichtig ist.

Magie

Ein baskisches Stimmvirtuose, Benat Acharya, erzählte uns in einem Kurs über den *Chant Sauvage* der Hirten im Baskenland. Diese hatten in der Einsamkeit der kargen Bergwelt die Fähigkeit entwickelt, den Flug der Vögel und andere Naturphänomene über Improvisation zu singen und – der Sage nach – zu beeinflussen. Bewegung wurden zu Atem, Atem zu Stimme.

Abb. 36:
Benat Achiary im
Chant Sauvage

In den Stimm-Improvisationen, die wir mit Benat Acharya erlebten, lag etwas Schamanisches. Die Welt lässt sich mit der Stimme gestalten und verändern. Es gab darin diese maximale Intensität, die ich zum Beispiel auch im *Cante* der Flamenco-Sänger*innen erlebe.

Im Kern geht es bei dieser Stimmerfahrung um Zeremonie. Das Leben muss gefeiert werden. Wenn Zeremonien den Geist verlieren, werden sie zu Ritualen. Die moderne Welt ist leider voller Rituale. Man macht Dinge so, weil man sie immer so gemacht hat.[184]

Die Stimme ermöglicht Zugang zu Zeremonie und archaischen Welten. Sergius Golowin (1930–2006) beschäftigte sich mit dem Mythos der Tier-menschen[185]. Die Bergwelt ist beseelt von Satyren, Faunen, Ziegenleuten, Hunden des Mondes (Werwölfen) oder Menschen-Bären. Dann gibt es auch die teuflische Seite des Menschen, das Monster und den Dämon.

Das hätte Wolfsohn interessiert. Er sprach davon, dass Geschöpfe der Fantasie über die Stimme in ein reales Leben überführt werden können. Wenn wir Tierlaute machen, werden wir eins mit der Seele des betref-fenden Tieres. Das lehrt der Schamanismus.

Ja zum Leben

Für Wolfsohn war die Musik das Gesetz des Lebens. Es solle sich zur Blü-te entfalten und dürfe nicht getötet oder behindert werden. Im »Ja zum Leben« liege das Ethos der Musik. Für dieses »Ja« legten wir Zeugnis ab, indem wir uns der Stimme zuwenden.[186]

Er schrieb von der Entscheidung, »den Weg zu gehen, die uns innewoh-nende schöpferische Begabung unmittelbar in die Weite auszuströmen oder diese Quelle versiegen zu lassen«.[187] Bei Stimme gehe es um die Erfüllung tiefster Sehnsüchte, die im Menschen innewohnen, um eine »Lust am Mensch-Sein«.

In Begeisterung wird man von der Stimme mitgerissen. Sie ist eine Kraftquelle, die uns über uns hinaustragen kann. Es ist der Weg der Freude, den viele Menschen im Singen gehen. Erfüllt von einem neuen Feuer, lernt man, das Leben von Herzen zu schätzen.[188]

Martin Buber (1878–1965) sprach von der Erfahrung des Grenzenlosen. »Gott finden heisst den Weg finden, der ohne Grenze ist.«[189] Dies ist der Weg der Freien Stimme.

Alfred Wolfsohn empfahl, immer weiter in die Tiefe des Körpers einzudringen und so zu neuen, unbekannten Klängen vorzustossen. »Aber erst dort, wo erfahren wird, das Es singt, ist der Kindheitszustand im Erwachsenen wiederhergestellt, der wirklich schöpferische Zustand des Menschen überhaupt.«[190]

»Alle Künste werden zu Dienern der menschlichen Lust am Dasein. Erfüllt von einem neuen Feuer, lernt man das Leben von Herzen schätzen. Das Lachen, der Jubel, der Frieden verlassen niemals diese Wohnung. Die Sonne glänzt dort zu jeder Stunde.«[191] So fasste Sergius Golowin (1930–2006) diese Erfahrung zusammen.

Seelisch wachsen

Für Wolfsohn war die Stimme viel grösser, als es uns Menschen bewusst ist. Sein Ziel war das Wachstum zu diesem Ganzen. »Mein Streben war es immer, mich zu einem Individuum zu entwickeln.«[192] Die Stimme sah er als die »unmittelbare Erscheinungsform der Seele«.[193]

Vor diesem Hintergrund wird das grosse Interesse Wolfsohns am Werk von Carl Gustav Jung verständlich. Nach dessen Lehre der Individuation wird sich der Mensch im Laufe seines Lebens seiner Einmaligkeit bewusst. Der Prozess beinhaltet die Entfaltung der eigenen Fähigkeiten, Anlagen und Möglichkeiten. Ziel ist die Ich- und Selbstwerdung.

Veränderungen in der Stimme waren für Wolfsohn ein Zeichen für seelisches Wachstum.[194] Wie kein Mensch spüren könne, wie er körperlich wachse – er sehe es ja nur an den Kleidern –, könne kein Mensch spüren, wie er seelisch wachse. Das Wachstum der Seele sei aber in der Stimme wahrnehmbar. Es zeige sich zum Beispiel in der Vertiefung des Tones.

Abb. 37:
Carl Gustav
Jung im Alter

Wolfsohn war überzeugt, dass letztlich alles aus dem Traum entsteht: die Musik, die Innovation, die Vorstellung einer besseren Welt, die Architektur, die Poesie. So sah er auch einen direkten Bezug zwischen der Welt der Träume und der Stimme. Gestalt stehe über dem Individuum.

Jungs Forschung über Archetypen interessierte ihn brennend. »Das Urbild, das hinter der Bassstimme steht, ist der Archetyp des Vaters in seinen Abwandlungen von König, Priester bis zum Trinker .... .«[195] Zugleich warnte er, dass man sich in der Psychologie auch verlieren könne. Ein Übermass an intellektueller Beschäftigung könne »die so erforderliche Spontanität der schöpferischen Kräfte totschlagen«.[196]

Schüler*innen von Wolfsohn berichteten, dass Singstunden mit ihm ähnlich wirkten wie die Psychoanalyse nach Jung. Es entstanden neue Bilder und Assoziationen. Sie setzten sich über die Stimme auch mit ihren Schatten auseinander.[197] Sie sprachen von einer Stärkung des Selbstvertrauens oder der Gewissheit, dass alle Menschen auf grosse Ressourcen im Inneren zurückgreifen können.

Zauber der Bühne

Auf der Bühne sind Sie gefordert, eine Beziehung zu den Zuhörenden aufzubauen. Es geht darum, das Publikum mit der Stimme zu gewinnen und Herzen zu berühren. Mit Konzentration, Intensität und Ausdruck. Sie haben die einmalige Chance, einen Augenblick unvergesslich zu machen.

Abb. 38:
Das RHT in
»Pagliacci«
(1982)

Alfred Wolfsohn beschäftigte sich mit der Frage, was Sänger*innen, die uns auf der Bühne berühren, von schlechten unterscheidet. Er kam zum Schluss, dass es die Beziehung von Stimme und Persönlichkeit sei. »Singen ist für mich nicht eine Kunstausübung, die als ästhetischer Genuss zu würdigen ist oder in einem bestimmten Rahmen für einen geniesserischen Zweck dient, sondern sie ist … ein Versuch, auf eine bestimmte Art sein Selbst – dies als Zentrum seiner seelischen Substanz betrachtet – ausströmen zu lassen.«[198]

Diese Beziehung zeige sich insbesondere in der Klangfarbe der Stimme, dem Timbre. Diese sei Teil des Geheimnisses, ob der Funken zum Publikum springe oder nicht. Er schlug vor, den Begriff mit Seelengehalt, Leucht- oder Strahlkraft zu übersetzen. Die Klangfarbe sei Ausdruck des gesammelten Selbst. [199]

Der russische Sänger Fjodor Iwanowitsch Schaljapin (1873–1938) konnte bei ihm tiefe Gefühle auslösen. »Es war mir so, als ob ich auf einer anderen Ebene dasselbe erlebte, was ich bei der Begegnung mit dem Meer erlebt hatte. Ich empfand aus der Tiefe meines Innersten die riesige Fläche des Wassers, die unendliche Weite des Horizontes, die Bewegtheit der Wellen, in denen sich mir das ewig fliessende Leben des Meeres offenbarte, ich hörte die nicht zu ergründende, geheimnisvolle Melodie des Meeres, aber jede dieser Einzelheiten war für mich allein nicht zu greifen und erklärte nicht den niederwerfenden, nicht zu definierenden Begriff des Meeres, den ich nur als totales Ereignis in mir empfinden konnte.«[200]

 # Reflexion 8

Stimmen Sie ein in eine Improvisation für alles Schöne.

Literatur

Manuskripte von Alfred Wolfsohn (AW)

AW: Orpheus – der Weg zu einer Maske. Archiv Jüdisches Museum Berlin: 18/176.

AW: Hast Du schon Reis gegessen. Archiv Jüdisches Museum Berlin: 18/178.

AW: Die Brücke. Archiv Jüdisches Museum Berlin: 18/180.

AW: Biographie einer Idee. Archiv Jüdisches Museum Berlin: 18/183.

AW: Das Problem der Grenze. Archiv Jüdisches Museum Berlin: 18/184.

AW: Letters to Charlie Chaplin and to C.G. Jung. Archiv Jüdisches Museum Berlin: 18/178.

Stimmarbeit am Roy Hart Theatre (RHT)

Braggins, Sheila, 2004: Alfred Wolfsohn's view of myth, dream, god and the human voice. Lecture. Malérargues.

Braggins, Sheila, 2012: The mystery behind the voice: A biography of Alfred Wolfsohn. Kibworth Beauchamp: Matador.

Ginsbourger, Marianne, 1996: Voix de l'inoui. Barret-le-bas: le soufflé d'or.

Hart, Roy, 1967: How a voice gave me a conscience. Paper for the 7. International Congress of Psychotherapy, Wiesbaden.

Höfinger, Walli et al., 2014: The human voice. Manuskript mit Interviews mit RHT Lehrer*innen.

Kalo, Laura C. et al., 1993: The Roy Hart Theatre: Teaching the totality of self. In: Hampton, Marion und Acker, Barbara, 1993: The vocal vision: views on voice. New York: Applause: 185–199.

Magilton, Ian, 2018: Roy Hart Theatre at Malérargues. Anduze.

Peters, Ralf, 2008: Wege zur Stimme: Reisen ins menschliche Stimmfeld. Köln: Unverzagt Verlag.

Pikes, Noah, 1994: Giving Voice to Hell. In: Spring Journal: Vol. 55: 51–66.

Pikes, Noah, 2019: Dark Voices: the genesis of the Roy Hart Theater. Zürich: Whole Voice Publications (second edition).

Weitere Literatur zu Stimme

Fitzmaurice, Catherine, 1992: Breathing is meaning. In: Hampton, Marion und Acker, Barbara, 1993: The vocal vision: views on voice. New York: Applause: 247–252.

Fuchs, Michael, 2012: Stimme, Körper, Bewegung. Berlin: Logos Verlag.

Hesse, Bettina (Hrsg.), 2019: Die Philosophie des Singens. Hamburg: Mairisch Verlag.

Jung, Christof, 1983: Cante flamenco. In: Schreiner, Claus, 1983: Flamenco gitano-Andaluz. Frankfurt: 1983: 64–101.

Lessac, Arthur, 1960: The use and training of the human voice. New York: DBS Publications.

Lessac, Arthur, 1997: From beyond wildness to body wisdom: vocal life, and healthful functioning. In: Hampton, Marion und Acker, Barbara, 1993: The vocal vision: views on voice. New York: Applause: 13–24.

Linklater, Kristin, 2007: Freeing the Natuzral Voice. London: Nick Hern Books.

Lowen, Alexander, 1970: Pleasure. New York: Penguin.

Lowen, Alexander, 1975: Bioenergetics. New York: Penguin.

Lowenthal-Felstiner, Mary, 1994: To paint her life: Charlotte Salomon in the Nazi Era. New York: HarperCollins.

Luchsinger, R., 1956: Phonetic and Stroboscopic Investigations into a Vocal Phenomenon. Paper. Ontolaryngological Clinic of Zurich.

McClelland, Jean, 2010: Freeing your natural voice. In: Nature & Health: 21–23.

McClelland, Jean, 2012: The Inspiration of breath. Manuskript.

McClelland, Jean, 2012: Awakening your true voice. Maknuskript.

Morgan, Michael Keith, 2012: Constructing the holistic actor: Fitzmaurice Voicework. Santa Barbara: UCSB.

Moses, Paul. J., 1954: The voice of neurosis. New York: Grune & Stratton.

Newham, Paul, 1994: The singing cure: an introduction to voice movement therapy. Boston: Shambhala.

Oliveros, Pauline, 1974: Sonic Meditations. Sharon: Smith Publications.

Oliveros, Pauline, 2005: Deep Listening: a composer's sound practice. Lincoln: Deep Listening Publications.

Sevenich, Joachim, 2011: Chakra Vokal Training. Fürthen: Verlag Via Nova.

Weber, Ulla, 2013: Singen mit Leib und Seele: Körperwissen und Atemkunst für Sänger/-innen. Berlin.

Wick, Marcello und Zehnder, Christian, 2019: Voice Research. Basel: Kursunterlagen.

Zusätzliche Inspiration

Berendt, Joachim-Ernst, 1983: Nada Brahma – Die Welt ist Klang. Frankfurt: Rowohlt.

Bohm, David, 1980: Wholeness and the Implicate Order. London: Routledge.

Buber, Martin, 1955: Die Legende des Baalschem: Vorrede. Zürich: Manesse Verlag.

Calvino, Italo, 1990: Under the Jaguar Sun. Boston: HMH Books.

Campbell, Joseph, 2004: Pathways to bliss: mythology and personal transformation. Novato: New World Library.

Canonico, Finn, 2018: Jenseits der Peinlichkeit: Der Literaturwissenschaftler Christian Metz erklärt, was gute Lyrik ist. Das Magazin: 22.12.2018

Cheng, François, 2010: Et le souffle devient signe. Paris: L'iconoclaste.

Coit, Lee, 1985: Listening – How to increase awareness of your inner guide. Wildomar: las Brisas..

Dürr, Hans-Peter, 2008: Auch die Wissenschaft spricht nur in Gleichnissen. Freiburg: Herder.

Eberhart, Herbert und Knill, Paolo J., 2010: Lösungskunst: Lehrbuch der kunst- und ressourcenorientierten Arbeit. Göttingen: Vandenhoeck & Ruprecht.

Eckerman, Johann Peter, 1828: Gespräche mit Goethe in den letzten Jahren seines Lebens. Weimar.

Fancourt, Daisy und Finn, Saoirse, 2019: What is the evidence on the role of the art in improving health and well-being? A scoping review. Kopenhagen: WHO Health Evidence Network synthesis report 67.

Franklin, Eric N., 2012: Befreite Körper: Das Handbuch zur imaginativen Bewegungspädagogik. Kirchzarten: VAK Verlag.

Golowin, Sergius, 1993: Das Geheimnis der Tiermenschen. Basel: Sphinx Verlag.

Hüther, Gerald, 2018: Die Macht der inneren Bilder. Göttingen: Vandenhoeck & Ruprecht Verlage.

Illich, Ivan, 1973: Selbstbegrenzung: eine politische Kritik der Technik. München: Beck.

Jaeger, Willigis, 2000: Die Welle ist das Meer. Freiburg: Herder.

Jamal, Salih, 2018: Orpheus: Musik, Liebe Tod. Nürnberg: BoD Verlag.

Kostelanetz, Richard, 1993: Cohn Cage: Writer. Previously uncollected pieces. New York: Limelight Editions.

Leader, Darian und Groves, Judy, 2000: Introducing Lacan. Cambridge: Icon Books.

Maaz, Hans-Joachim, 2019: Das falsche Leben: Ursachen und Folgen unserer normopathischen Gesellschaft. München: Beck.

Maitland, Sara, 2017: Das Buch der Stille. Berlin: Edition Steinreich.

Maurer, Bernhard et al., 2018: Grundlagen der Improvisation. Eigenverlag: Music for people.

O'Donohue, John, 2010: Anam Cara – Das Buch der keltischen Weisheit. München: DTV.

Piaget, Jean und Inhelder, Bärbel, 1972: Die Psychologie des Kindes. Olten: Walter Verlag.

Reckwitz, Andreas, 2017: Die Gesellschaft der Singularitäten. Berlin: Suhrkamp.

Reich, Wilhelm, 1942: The function of the orgasm. New York: Farrar, Straus and Giroux.

Reich, Wilhelm, 1945: Charakteranalyse. Köln: Kiepenheuer und Witsch.

Reich, Wilhelm, 1969: The sexual revolution. New York: Farrar, Straus and Giroux.

Senf, Bernd, 2013: Die Wiederentdeckung des Lebendigen. Erforschung der Lebensenergie durch Reich, Schauberger, Lakhovsky u. a. Aachen: Omega Verlag.

Thich Nhat Hanh, 2015: Stille, die aus dem Herzen kommt. München: Wilhelm Heyne Verlag.

Wilber, Ken, 2008: Wege zum Selbst. München: Goldmann Verlag.

Webseiten

https://improwiki.com

https://www.dia-pason.com

https://www.eigene-stimme.de

https://www.estherknappe.ch

https://www.freevoices.ch

https://www.jeanmcclelland.com

https://www.osho.com/de/meditate/active-meditations/chakra-breathing-meditation

https://www.roy-hart-theatre.com

https://www.stimmfeld.de

https://www.voicescienceworks.org/extended-techniques.html

https://www.youtube.com: verschiedene Kurzfilme zum RHT und zu Roy Hart

Verzeichnisse

Abkürzungen

AW   Alfred Wolfsohn
RHT   *Roy Hart Theatre*

Abbildungen

Tabellen

© Bildquellen

Ein grosser Dank geht an Ivan Midderigh und das *Roy Hart Theatre Photographic Archive*. Es hat mir freundlicherweise folgende Abbildungen zur Verfügung gestellt: Abbildungen 1, 2, 3, 4, 5, 6, 7, 8, 9, 10, 14, 20, 22, 31 und 38.

Das Coverbild (Glebsstock) erstand ich von *Shutterstock*.

Für Abbildung 33 danke ich David Goldworthy. Es entstand während eines Workshops von *Dia Pason*.

Ich danke dem *Institute Catherine Fitzmaurice* für Abbildung 11 sowie dem IONE *Pauline Oliveros Trust* für Abbildung 27.

Von *Unplash* habe ich die Abbildungen 13 (Zachary Nelson), 18 (Colette Brittany), 19 (Alex Kotliarski) und 24 (Ryk Porras) erhalten.

Abbildung 36 ist ein Ausschnitt aus einem Youtube-Film von Benat Achiary.

Anmerkungen

1   Maaz, 2019.

2   Theorie des Psychologen Wilhelm Reich (1897–1957).

3   https://www.voicescienceworks.org/extended-techniques.html.

4   Bohm, 1980.

5   Literaturverzeichnis, insbesondere die Publikationen über die Stimmarbeit am RHT.

6   Reckwitz, 2017.

7   Ausführlich beschrieben in Kostelanetz, 1993.

8   Calvino, 1990.

9   Wilber, 2008.

10   Davon zeugen zahlreiche Aussagen in den Filmen aus der Frühphase des RHT, insbesondere auch der Dokumentarfilm über Malérargues (1977); alle verfügbar auf Youtube.

11   Diskutiert in Morgan, 2012.

12   Eberhart, Herbert und Knill, Paolo J., 2010.

13   Fancourt und Finn, 2019.

14   AW, Orpheus, S. 35.

15   AW, Orpheus, S. 103.

16   Es geht um Kontextualität. John Cage (1912–1992) und Ilya Prigogine (1917–2003) weisen in einem Gespräch, zitiert in Kostelanetz (1993), auf dieses Paradigma hin.

17   Alle Informationen finden sich in den Manuskripten von AW (Brücke, Reis und Idee).

18   AW: Idee, S. 10.

19   AW, Idee, S. 10.

20   AW, Idee, S. 11

21   AW, Reis, S. 101.

22 AW, Idee, S. 11.

23 AW, Idee, S. 12.

24 AW, Reis, S. 58.

25 AW, Brücke, S. 261.

26 AW, Orpheus, S. 67.

27 AW, Idee, S. 1.

28 Kritische Betrachtungen zu seiner Persönlichkeit in Lowenthal-Felstiner, 1994.

29 Der Psychologe C.G. Jung, mit dem AW immer wieder Kontakt aufzunehmen versuchte, sah Alchemie nicht nur im materiellen, sondern auch im immateriellen Bereich der Psyche.

30 AW, Orpheus, S. 108.

31 AW. Brücke, S. 385.

32 AW, Brücke, S, 384.

33 AW, Grenze, S. 32; mit Verweis auf eine Schrift des norwegischen Schriftstellers Knut Hamsun (1859–1952) zu Mysterien.

34 Überliefert an und beschrieben von Ian Magilton, 2018, S. 31.

35 Hart, 1967.

36 Ich verwende diesen Namen, obwohl er über die Jahre verschiedene Male gewechselt wurde.

37 Für authentische Schilderungen von Beteiligten: siehe insbesondere Hart, 1967; Magilton, 2018; Pikes, 2019. Die Zitate aus diesen Büchern sind freie Übersetzungen aus dem Englischen.

38 Magilton, 2018, S. 22.

39 Übersetzt aus Magilton, 2018, S. 11.

40 Magilton, 2018, S. 14.

41 Pikes, 2019, S. 6

42 Siehe insbesondere die authentischen Schilderungen von Pikes, 2019.

43 Pikes, 2019, S. 117–118.

44 Übersetzt aus Ginsbourger, 1996

45 Übersetzt aus Ginsbourger, 1996.

46 Hart, 1967.

47 Übersetzt aus Magilton, 2018.

48 Hart, 1967.

49 Übersetzt aus Pikes, 2019, S. 144.

50   Zum Beispiel unterschiedliche Vorstellungen, Dominanz von Roy Hart, sich ändernde Liebesbeziehungen, oder die offene Liebe überhaupt; siehe für authentische Schilderungen: Magilton, 2018; und Pikes, 2019.

51   Magilton, 2018.

52   Das Buch von Ian Magilton (2018) gibt ein lebendiges Zeugnis dieser Entbehrungen.

53   Übersetzt aus Magilton, 2018, S. 176.

54   Zeugnisse von Beteiligten im Dokumentarfilm über Malérargues, 1977, einsehbar auf Youtube; aber auch beschrieben in Morgan, 2012, S. 67

55   McClelland, Jean, 2012b.

56   Zitiert in Morgan, 2012, S. 46.

57   Morgan, 2012, S. 27

58   Morgan, 2012, S. 18–27.

59   AW, Orpheus, S. 29.

60   AW, Orpheus, S. 29.

61   Der Psychologe Jacques Lacan (1901–1981) sprach von der Spiegelphase;, gut beschrieben in Leader und Groves, 2000.

62   AW, Brücke, S. 252.

63   AW, Orpheus, S. 97–98.

64   AW, Orpheus, S. 3–4.

65   AW, Orpheus, S. 3–4.

66   Eine wichtige Erkenntnis von Catherine Fitzmaurice.

67   Lowen, 1970 und 1975.

68   AW, Orpheus, S. 19.

69   Eckerman, 1828: Kapitel 280.

70   AW, Orpheus, S. 19.

71   AW, Orpheus, S. 19.

72   AW, Orpheus, S. 19

73   Siehe O'Donohue, 2010.

74   AW, Orpheus, S. 118.

75   O'Donohue, 2010, S. 220.

76   Hinweis von Clemens Lang.

77   Jonathan Hart, in einem Interview in Höfinger et al., 2014.

78   Newham, 1994, S. 13.

79   Interview mit AW auf BBC, 1959.

80   Sie inspirierten die Stimmforscherin Catherine Fitzmaurice.

81   AW, Orpheus, S. 7.

82   Reich, ausführlich besprochen in Morgan, 2012, S. 37–38.

83   Senf, 2013, S. 44–50.

84   Vereinfacht nach Senf, 2013, S. 44–50.

85   Reich, 1945.

86   Lowen, ausführlich besprochen in Morgan, 2012, S. 30.

87   Morgan, 2012, S. 48.

88   Morgan, 2012, S. 40.

89   Senf, 2013, S. 43.

90   Morgan, 2012, S. 42.

91   Lowen entwickelte daraus 1975 den bioenergetischen Ansatz.

92   Morgan, 2012, S. 46.

93   Maaz, 2019, sowie auch die Analysen des bekannten Pädagogen und Sozialtheoretikers Ivan Illich (1926–2002), 1973.

94   AW, Orpheus, S. 29.

95   AW, Orpheus, S. 29.

96   Sechs Kurzfilme auf Youtube: The human voice; introduced by Roy Hart.

97   AW, Orpheus S. 79.

98   Prof. Michael Fuchs von der der Universität Leipzig, in SRF, Sendung Kulturplatz, 31.1.2018.

99   SRF, Sendung Kulturplatz, 31.1.2018

100   AW, Brücke, S. 385.

101   Interview mit AW auf BBC, 1959.

102   AW, Brücke, S, 384.

103   Pikes, 2019, S. 48.

104   AW, Orpheus, S. 103.

105   Lessac, 1960.

106   Siehe das Interview in Höfinger et al., 2014.

107   Senf, 2013.

108   Morgan, 2012, S. 34.

109   Zitiert in Morgan, 2012, S. 50.

110   Morgan, 2012: das Kapitel zu Restructuring.

111   Morgan, 2012, S. 30 und S. 49.

112   Beide Untersuchungen beschrieben in Pikes, 2019, S. 55 und 56.

113   Pikes, 2019.

114   AW, Orpheus, S. 97.

115   Pikes, 1994.

116   Einführung auf www.stimmfeld.de.

117   Fuchs, 2012.

118   SRF, Kulturplatz, 31.1.2018.

119   siehe auch Morgan, 2012, S. 121 ff.

120   Franklin, 2012.

121   siehe Feuilleton im Deutschen Ärzteblatt, 2004: 101(19), S. 1349,

122   teilweise übernommen aus Sevenich, 2011.

123   siehe Kapitel oben; Senf, 2013.

124   Das Bild verdanke ich Christiane Hommelsheim, einer RHT Lehrerin aus Berlin..

125   Hüther, 2018. Er hat diesem Thema ein ganzes Buch bewidmet.

126   Canonico, 2018:

127   Pikes, S. 120.

128   Dokumentarfilm über Malérargues, 1977.

129   Bohm, 1980.

130   Paolo J. Knill, auf Youtube.

131   Der Künstler Thomas Hirschhorn nennt das: den Eintrittspreis für alle Kunstschaffenden (Sommerakademie Paul Klee, 2016 in Bern).

132   AW, Orpheus, S. 99.

133   Magilton, 2018.

134   Siehe: https://improwiki.com.

135   Ausführlich beschrieben in Morgan, 2012.

136   Frei übersetzt aus Magilton, 2018, S. 181.

137   Franklin, 2012.

138   Thich Nhat Hanh, 2015: S. 90.

139   Frei übersetzt aus Oliveros, 2005: S. 23.

140   AW, Orpheus, S. 23.

141   AW, Orpheus, S. 15.

142   Canonica, 2018, S. 23–25.

143   Canonica, 2018, S. 23–25.

144   Cheng, 2010.

145   Morgan, 2012, S. 159.

146   Magilton, 2018, S. 91.

147 David Goldworthy brauchte einmal dieses schöne Bild. Nicht jede Intervention führt zu einem Erfolg. Mit der Zeit hat man aber Erfahrung, was bei welchen Personen wirkt.

148 Höfinger et al., 2014

149 Jonathan Hart, interviewt in Höfinger et al., 2014.

150 AW, Idee, S. 3.

151 Siehe die frühen Videos über das RHT; verfügbar auf Youtube.

152 Der Arzt Eric Weiser, zitiert in Ginsbourger, 1996.

153 Eine Schülerin, zitiert in Gainsbourger, 1996.

154 Braggins, 2012.

155 AW, Orpheus, S. 91.

156 Braggins, 2012, beschrieb, wie Wolfsohn unterrichtete; siehe auch die folgenden Abschnitte.

157 Pikes, 2019, S. 66.

158 Pikes, 2019, S. 69 ff.

159 Zitiert in Pikes, 2019, S. 70

160 AW, Orpheus, S. 39.

161 AW Orpheus, S. 14.

162 AW, Orpheus, S. 9.

163 Eine Methode aus dem Psychodrama. Die Workshop-Leitung tritt neben die improvisierende Person und verstärkt diese oder gewisse Aspekte.

164 Intervention, die scheinbar im Widerspruch zum Ziel steht, die Zielerreichung aber unterstützt.

165 Pikes, 2019, S. 82.

166 Pikes, 2019, S. 88 ff.

167 Roy Hart, 1967.

168 Oliveros, 1974 und 2005.

169 Sara Maitland (2017) hat sich intensiv mit dem kreativen Potential der Stille auseinandergesetzt.

170 AW, Idee, S. 3; und AW, Grenze, S. 13.

171 Titel des ersten Buches von Nietzsche, zitiert in AW, Grenze, S. 13.

172 Berendt, 1983.

173 Knill, 2004

174 Es gibt hier starke Analogien zu Bildern, die der Quantenphysiker Dürr (2008) und der Mystiker Jaeger (2000) verwendeten.

175 AW, Grenze, S. 36.

176   AW, Grenze, S. 32.

177   AW, Grenze, S. 3.

178   Anna Halprin, 1968: A theatre of mixed means. Zitiert in: Kostelanetz, 1993.

179   Im Wort »berühren« liegt der Bezug zum Körperlichen, auch in der Stimme.

180   Canonico, 2018, S. 24.

181   Canonico, 2018, S. 25.

182   Z. B. Jamal, 2018

183   Braggins, 2004.

184   Ich verdanke diese Unterscheidung dem grönländischen Schamanen Angaangaq, auf www.icewisdom.com (Mai 2020)

185   Golowin, 1993.

186   AW, Orpheus, S. 117.

187   AW, Orpheus, S. 33.

188   Golowin, 1993.

189   Buber, 1955, S. 21.

190   AW, Grenze, S. 5–6.

191   Golowin, 1993.

192   AW, Brücke, S. 251.

193   AW, Orpheus, S. 42.

194   AW, Orpheus, S. 61.

195   AW, Orpheus, S. 42.

196   AW, Grenze, S. 5.

197   Zitiert in Pikes, 2019, S. 59.

198   AW, Orpheus, S. 67.

199   AW, Orpheus, S. 40.

200   AW, Orpheus, S. 7.